鳥飼玖美子 Torikai Kumiko

異文化
コミュニケーション学

JN053460

岩波新書
1887

はじめに

コロナ禍での異文化コミュニケーション

　本書は、異文化理解とコミュニケーションがテーマである。

　「異文化理解」「コミュニケーション」「異文化コミュニケーション」は、すでに目新しくない言葉だが、実はこれほど誤解されている用語はない。日本では政府から財界、一般にいたるまで、「異文化」といえば「英語」で、「コミュニケーション」といっても「英語で話す」ことしか念頭にない。「異文化コミュニケーション」＝「英語」という思い込みを打ち砕くのは難しそうだが、これからの世界で生きていくうえで、多様な文化と言語に心を開いて向き合い、異質性に対して寛容になることは欠かせない。

　異文化に触れることは貴重な学びになり得るが、これまでは「旅をする」ことが主で、仕事での海外出張や駐在などのほかに、観光旅行や留学、海外での語学研修などが通常の手段であった。ところが 2019 年に発生した新型コロナ感染症は瞬く間に世界中で大流行し、なかなか収まる気配がない。いずれは終息するにしても、コロナ後の世界は相当に変わっているはずである。

　国際交流や異文化交流のあり方は、コロナ禍を機に

各国で変革を迫られている。教育分野においても、同様である。

　これまで日本は政府をあげて留学や海外研修を奨励しており、正規カリキュラムに留学を組み込んで単位化する高校や大学が急増していた。それらの教育機関は、新型コロナ感染症拡大の影響で、海外に生徒や学生を送り出すことが困難になり、大きな打撃を受けた。海外に出かけての交流に代えて、オンラインでの異文化教育を模索している学校も増えた。

　そこで本書では、ひとつの選択肢として、ドラマや映画などの映像作品を活用しての異文化学習を提案する。現地に行かなくても、優れたドラマや映画には、人間としての普遍性と同時に、その時、その場で生きた人々の個別性が描かれているので、格好の異文化コミュニケーション教材と考えられるからである。

　さらに言えば、映像作品では、相互行為としての言語・非言語コミュニケーションの実相が反映されており、台詞自体が対人コミュニケーション(interpersonal communication)や対面コミュニケーション(face-to-face communication)の生きた事例となる。そのような台詞を理解するためには、背景となる文化や状況などのコンテクストが必須であることから、ある程度はあらすじや場面についての説明も入れる。細心の注意は払ったが、ネタバレになってしまった場合は、対話を理解するための予備知識の提供が目的であるとお許

し願いたい。

　2020 年は世界各国で、新型コロナ感染症対策としての緊急事態宣言により外出が禁止され、家で過ごすことを余儀なくされる事態が起こった。そのような Stay Home（巣ごもり）のあいだに、爆発的な人気となったのが韓国発の連続ドラマ『愛の不時着』（Crash Landing on You）であった。世界中で、男女を問わず若い世代から高年齢層、さらには有識者や各分野の専門家をも魅了し、Twitter には多様な言語でのコメントがあふれた。日本でも 2020 年の新語・流行語大賞に選ばれ、『現代用語の基礎知識 2021』でも取り上げられた。2020 年は「コロナ禍の年」として記憶されるだろうが、その副産物として『愛の不時着』もアジアだけでなく欧米や中南米も含めた世界各地で人々の心に残るはずである。

　2021 年になっても『愛の不時着』人気が衰えず、『愛の不時着』沼にハマり何度も繰り返して観る人たちが多いのには、いくつか理由があろう。

　ドラマとしての完成度の高さ、緻密な台本と巧みな演出、映像と音楽の美しさ、圧倒的な存在感のヒョンビンをはじめ共演者ソン・イェジンや脇役に至るまで、出演者の抜群の演技力。国を超えた愛を軸に、南北分断の不条理と哀しみ、そのなかで生きている人間の姿を克明に描いて多くの人たちの心に響いた。

加えて、愛する女性を命をかけて守るけれど、決して支配しようとはしないヒョンビン演じるリ・ジョンヒョクが、ポスト#MeToo時代の理想の男性像として共感を呼んだ。男女が完全に対等であるジョンヒョクとセリの関係性、結婚という形式にこだわらない新たな愛のあり方の可能性、ジェンダー、夫婦、親子について多様な視点がさりげなく提示されている。さらに、このドラマは、異文化と邂逅した際に起こる事例が豊富で、コミュニケーションの現実を見事にとらえており、異文化コミュニケーションの教材としても傑出している。

三角測量法

　英語文化だけに限定される異文化理解ではなく、複数の言語と文化を通して日本を相対化しながら異文化コミュニケーションを学ぶことができないかと考えた際に浮かんだのが、質的研究で用いられる「三角測量法」(triangulation)である。もともとは、ある地点を2つの別の地点から見て三角形を作り、周辺の位置関係や形状などの地理を正確に測量することを指す用語である。

　そこから、質的研究では、1つの研究方法で得られたデータを別の視点から検証することを意味する。例えば、現地での参与観察から得られた結果を文献で確認する、インタビュー調査を質問紙アンケートのよう

な量的調査と組み合わせるなど、複数の研究方法により仮説の信頼性を高めるのが目的である。

文化人類学者の川田順造氏は、「文化の三角測量」を提唱している。2つの文化を比較するのではなく、3つの文化を取り上げ、参照点を3つにして検討する提案である。川田氏の場合は、日本とフランス、西アフリカの旧モシ王国が研究対象である。アジア、ヨーロッパ、アフリカの文化から人類の文化全体を考えようとしており、「グローバル化と文化の多様性」の視点から、きわめて示唆に富む内容である。

この「文化の三角測量」を基盤に、英語以外の言語も参照することで、「異文化理解」とは「他者理解」であることを、実感していただきたいと考えた。

扱う言語は、英語以外に、主として韓国ドラマからコリア語（Korean）を取り上げる。『愛の不時着』では韓国語と朝鮮語が使われているので、本書では南北の両言語を合わせて「コリア語」と呼ぶ。韓国の言語だけの場合は、「韓国語」を用いることもある。「ハングル」は文字を指すので、音声言語を多く取り上げる本書では使用しない。

韓国ドラマを中心に取り上げたのは、日本にとっては最も近い隣国であること、質の高い映像作品を多く生み出しているのが理由である。

2001年に文化人類学者である青木保氏が『異文化理解』を岩波新書から刊行してちょうど20年。青木

氏が指摘した状況は、今も変わっていない。

　近隣国の中国や韓国を「異文化理解」の対象として正面から捉えるという視点を、近代日本は持つことができませんでした。もちろん、それらの国の歴史と文化の研究は盛んにされましたが、現在的な強い関心から「異文化」としてとらえる視点は、いまだにはっきりと示されているとはいえません。私の世代では中国語も韓国語も、一部の専門家を除き、まともに学習する機会は学校で与えられませんでした。それらの国や社会で、人々がどのように暮らし、何を喜び、何を悲しみ、どのように人生をおくり、何に価値を見出すか、といった観点から「同時代人」としての中国人や韓国人を見つめようとする努力は、戦後の日本でも近年にいたるまでほとんどなされないできたといってよいのです。これは不幸なことでした。私たちにとって「異文化」といえば、ヨーロッパやアメリカを指すといってよかったのではないでしょうか。もちろん、中国や韓国の文化は私たちの文化と言葉も生活習慣も大きく異なっています。その違いを正しく見ようとはしなかったのが、いま大きなコミュニケーションの困難を生んでいます。何よりも「異文化」としてとらえることを通して、中国や韓国など近隣国との関係を正しくとらえ相互理解に導く基礎ができることと思います。

この青木氏の言葉に強く共鳴するものの、私の専門は英語であり、あとは大学時代に学んだスペイン語と初歩段階のフランス語である。残念ながら中国語もコリア語も、「こんにちは」「ありがとう」の域にとどまる。

また、『愛の不時着』のドラマとしての秀逸さに脱帽すると同時に、ヒョンビンの卓越した演技力に感嘆し、過去の主演作も多く観たので、韓国ドラマはある程度まで取り上げられるが、最近の作品が中心であるし、中国ドラマは2015年の話題作『琅琊榜——麒麟の才子、風雲起こす』(全54話)しか観ていない。

したがって本書では、海外ドラマや映画の原語および日本語字幕と英語字幕、『愛の不時着』では台詞の日本語訳も加えて、参照し引用した。さらに、必要に応じて外国語の台詞を取り出すなどの方策で、日本語と英語、そして他の外国語(コリア語/フランス語/スペイン語)の三角測量を試みる。

朝鮮半島の言語と文化については、ヒョンビン来日時に通訳を務めたことのある日本語－コリア語通訳者の 黄 慈 仙 氏と、韓国文化論専門の山下英愛・文教大学文学部教授にご教示いただいた。また、通訳翻訳研究者でスペイン語が専門の吉田理加氏にはスペイン映画、同じく通訳翻訳研究者で中国語が専門の平塚ゆかり氏には中国ドラマを、紹介していただいた[注]。

海外との自由な往来が当たり前だったグローバル時代から、世界は一変している。そのような状況に鑑み、コロナ後の時代へ向けて、異文化コミュニケーションを学ぶ新たな可能性を模索できたらと願っている。

この本で参照したドラマと映画

ドラマ 『Vincenzo』(2021)、*Bridgerton*、*Emily in Paris*、『Start-Up』、『梨泰院クラス Itaewon Class』、『サイコだけど大丈夫 It's Okay to Not Be Okay』、『Run On』、『ある春の夜に One Spring Night』、『Ending Again』(ウェブドラマ)、『青春の記録 Record of Youth』、『私たち、恋してたのかな？ Was It Love?』(以上、2020)、『愛の不時着 Crash Landing on You』、『椿の花咲く頃 When the Camellia Blooms』、『ロマンスは別冊付録 Romance Is a Bonus Book』(以上、2019)、『よくおごってくれる綺麗なお姉さん Something in the Rain』、『キム秘書はいったい、なぜ？ What's Wrong with Secretary Kim?』、『アルハンブラ宮殿の思い出 Memories of the Alhambra』、『Mr. Sunshine』、『SKY Castle』、『恋のトリセツ Breakin' All the Rules』(以上、2018)、*Anne with an 'E'*、『黄金の私の人生 My Golden Life』、『愛の温度 Degree of Love』、『ピョン・ヒョクの恋 Revolutionary Love』、『Because This is My First Life』(以上、2017)、*The Crown*、『トッケビ Guardian』、『太陽の末裔 Descendants of the Sun』、『1％の奇跡 One Percent of Something』(以上、2016)、『ジキルとハイドに恋した私 Hyde, Jekyll, Me』、『Kill Me, Heal Me』、『彼女はキレイだった She was Pretty』、『こころに陽があたるまで Warm and Cozy』、『琅琊榜――麒麟の才子、風雲起こす』(以上、2015)、『未生 Misaeng』、『運命のように君を愛してる Fated to

Love You』、『Pinocchio』、『ドクター異邦人 Doctor Stranger』(以上、2014)、『相続者たち The Heirs』、『君の声が聞こえる I Hear Your Voice』(以上、2013)、『Secret Garden』(2010)、『彼らが生きる世界 Worlds Within』(2008)、『雪の女王 The Snow Queen』(2006)、『私の名前はキム・サムスン My Lovely Samsoon』(2005)、『Ireland』(2004)。

映画 *Nomadland* (2021)、『パラサイト ── 半地下の家族 Parasite』、*The Professor and the Madman*、*Bombshell* (以上、2019)、*RBG*、*On the Basis of Sex*、『The Negotiation』(以上、2018)、『Confidential／共助』、『Swindlers』(以上、2017)、*Ocho Apellidos Catalanes* (2015)、*Ocho Apellidos Vascos*、『王の涙 ── イ・サンの決断 The Fatal Encounter』(以上、2014)、*The Lunchbox* (2013)、『Late Autumn 晩秋』、『愛してる、愛してない Come Rain, Come Shine』(以上、2011)、*The King's Speech* (2010)、『百万長者の初恋 A Millionaire's First Love』(2006)、*Dances with Wolves* (1990)、*Les Parapluies de Cherbourg*「シェルブールの雨傘」(1964)など。

　この一覧は、すべて筆者が視聴し執筆の参考にしたものである。本文で言及できなかった作品もある。記載されていても実際に観ていない作品は「一覧」からは除外した。作品タイトルは原則として原語とし、英語以外の作品には日本語タイトルか日本語訳を入れた。韓国の作品は、英語タイトルを使用し、必要に応じて日本語タイトルを掲載した。

目 次

1

「文化」とは何か

1 文化の定義

「文化」の理解

「異文化理解」「コミュニケーション」「異文化コミュニケーション」は、現代のキーワードである。2021年より順次施行されている新学習指導要領においても、小学校・中学校・高等学校を通して「外国語（英語）」教育の目標は、1989年以来の基本方針を継続し、「情報や考えなどを的確に理解したり適切に表現したり伝え合ったりするコミュニケーションを図る資質・能力」を育成することである。細かい文言は各段階で微妙に違うものの、「外国語の背景にある<u>文化に対する理解</u>を深め、聞き手、読み手、話し手、書き手に配慮しながら、主体的に外国語を用いて<u>コミュニケーションを図ろうとする態度を養う</u>」（中学校）ことが基本である（下線は筆者）。

以前は、ユネスコ（UNESCO 国際連合教育科学文化機関）が1947年に提唱した Education for International Understanding が重視されていた。日本は1956年の国連加盟後に「国際理解教育」という訳語を用いて、これを推進した。国際理解教育は、世界の人々が国を越えて理解し合い、協力して世界平和を実現することが目的であり、当時の柱は「相互理解」「東西理解」「国連理解」であった。その後、1974年には「人権」「環境」「開発」も含まれるようになった。

日本の初等教育では「総合的な学習の時間」の枠組みで幅広いテーマを網羅し、小学校に「外国語（英語）活動」を導入する場ともなった。

言語と文化の多様性

　このような動きとは別にヨーロッパでは、EU（欧州連合）発足時から、統合だけではなく、言語と文化の多様性を堅持することの必要性を明確にしており、その思想は United in Diversity（多様性のなかの統合）という標語に集約されている。

　ヨーロッパの政治経済における連合体である EU は、全加盟国の公用語を EU の公用語として認める多言語主義（multilingualism）を標榜している。通訳翻訳に多大な予算を使いながら、英国離脱後の 2021 年現在、27 か国が加盟し、24 言語を公用語として認めている。

　そのようななか、欧州評議会（Council of Europe）は、すべての EU 市民が母語以外に 2 つの言語を学習する「複言語主義」（Plurilingualism）を提唱している[注1]。

　その基盤となっている原理は、欧州評議会の意思決定機関である閣僚委員会が 1982 年に採択した、現代言語に関する勧告の前文に謳われている。

　Considering that the rich heritage of diverse languages and cultures in Europe is a valuable common resource to be protected and developed, and that a major educational effort is needed to convert that diversity from a barrier to communication into a source of mutual enrichment and understanding;

ヨーロッパにおける多様な言語と文化の豊かな遺産は価値のある共通資源であり保護され発展させるべきものであることに鑑み、その多様性を、コミュニケーションの障壁から相互の豊穣と理解の源へ転換するには教育における多大な努力が必要だと考える。

Considering that it is only through a better knowledge of European modern languages that it will be possible to facilitate communication and interaction among Europeans of different mother tongues in order to promote European mobility, mutual understanding and co-operation, and overcome prejudice and discrimination;

ヨーロッパにおける現代言語をよりよく知ることを通してのみ、異なる母語を持つヨーロッパの人々の間でコミュニケーションと相互行為を容易にすることが可能になり、それはヨーロッパでの移動と相互理解および協力を促進し、偏見と差別を乗り越えるためであると考える。(以上、筆者訳)

欧州評議会が言語政策にかかわるようになった契機は、2008 年に採択された「異文化間対話についての白書」(White Paper on Intercultural Dialogue)である。

それ以来、欧州評議会は「文化的多様性の確保」
(Defence of Cultural Diversity)という視座から異文化
摩擦を解決する方策を開発してきたが、やがて異文化
理解の促進をめざして言語政策にも取り組むようにな
り、それは複言語・複文化主義の理念と、それを具現
化する CEFR（欧州言語共通参照枠）に結実した。

「異文化理解」とは

　このようなヨーロッパでの動きに啓発され、昨今は
異文化理解への関心が深まっている。しかし「異文化
理解」とは、一般的に考えられているほど単純なこと
ではない。外国へ旅行したり留学したりすれば「異文
化体験」は可能だが、その体験が「理解」に結びつく
とは限らない。駐在などで長期間滞在しても、その体
験は出会った人々や遭遇した出来事から受けた印象に
過ぎないこともあり、その文化をどこまで理解したこ
とになるのかは疑問である。だからこそ欧州評議会は、
「異文化理解」を、教育を通して進めようとしている。
　本書では、コロナ禍の現実を踏まえ、誰もが自宅で
できる範囲の異文化学習を模索する。そのために、ま
ずは「文化とは何か」という根源的な問いから始める。

「文化」が指すもの

　「文化」が何を指すかを定義することは難しい。
　欧州評議会で「複文化主義」を策定するにあたって

も、文化の扱いには苦労したようである。これまで「複文化能力」(pluricultural competence)と「異文化能力」(intercultural competence)の両方を使い、「学習者が『複言語』になれば『異文化性』が養われる」(The language learner becomes *plurilingual* and develops *interculturality*)という説明をしてきた。

しかし、「複文化能力」と「異文化能力」の違いが明確ではなく、「文化能力」(cultural competences)、「異文化能力」(intercultural competence)、「異文化の気づき」(intercultural awareness)などの概念は抽象的であり、その定義を同定するための構成要素については議論百出だったようで、言語のような参照枠を作成するまでに至らなかったとされる。

さらに、すべてを文化に結びつけてしまう文化本質主義[注2]は固定観念を生み、ステレオタイプを作り上げ、偏見につながりかねない。

「文化」がとらえにくいのは、人種と言語と文化が1対1の対応をしていないからであり[注3]、周囲の自然環境と人間のあいだに設けられた普遍性と、地理的および歴史的な影響による個別性が混在するからである。これを最初に指摘したのはルソー(Jean-Jacques Rousseau)だと、レヴィ＝ストロース(Claude Lévi-Strauss)は述べている。

「文化」を初めて定義づけたとされるイギリスのタイラー(Edward B. Tylor)は、次のように記している。

文化もしくは文明とは、その広い民族誌的な意味においては、知識・信仰・芸術・道徳・法律・慣習・その他、およそ人間が社会の成員として獲得した能力や習性の、複合的全体である[注4]。

　レヴィ＝ストロースは、「文化には、道具、制度、習慣、価値、そして言語など、きわめてたくさんの事物が含まれる」と説明している。
　クラックホーン（Clyde Kluckhohn）は、「文化とは、後天的・歴史的に形成された、外面的および内面的な生活様式の体系」(a system of explicit and implicit designs for living)と定義した。

目に見えない文化

　異文化コミュニケーション研究のパイオニアであるホール（Edward T. Hall）は、*The Silent Language* (1959)、*Beyond Culture* (1976)において、「隠された文化」(hidden culture)に言及し、価値観や信条、さらには空間と時間の使い方など、目に見えず意識にものぼらない文化の重要性を説いた。
　「目に見えない文化」の存在が相互コミュニケーションを難しくすることは、近年、多くの研究者が指摘している。ホフステード（Geert Hofstede）は、文化を玉ねぎになぞらえ、玉ねぎの芯にあるのが「生きていくうえでの前提」であり、外側に「象徴」「儀礼」「英

雄」などを「慣行」として布置（ふち）した。

　ひとりの人間が社会のなかで育っていく過程で自然に身につけた文化は、自分では意識していないので他人に説明できないが、深層に根づいており、無意識の価値判断を左右する。具体的には、結婚や育児、家族や友情のあり方、何をもって公平とみなすかなど、意識していないだけに言葉で説明することがなく、結果として表れる言動を相手に誤解されることもある。

日本人による「文化」の定義

　日本人による「文化」の定義も存在するが、ここでは２つだけ取り上げる。

　文化人類学を「全体としての人類文化の科学」と規定し、日本で始まったばかりの研究を率いた石田英一郎は、「文化の概念」について古典的な定義から世界における研究の軌跡をたどり独自の見解に達する。

　石田は、「文化の機能」を、ほかの生物になぞらえ「個体の生命を維持し、子孫の存続をはかり、集団の安全を保障する」目的におく。そのような文化を構造的に理解するため、文化の内容を「技術と価値の両面をつうじて、人間の(1)意識の中にあるもの、(2)行為の中にあるもの、(3)外界の物体の中にあるもの」の３種類に分け、それらが「密接な有機的連関をもって統合されている」と考えた。

　石田によるシステム図では、自然環境が人間を取り

囲み、「文化」は「社会」「価値」「言語」「技術」から成る。「技術の文化と価値の文化」が一定の構造的関係として結ばれ、「社会と言語という二つの文化の範疇」が、この両者を結合する働きを有している。石田による「文化」の概念で重要なのは、構成する諸要素が、構造的にも機能的にも、まとまりのある全体を形成する部分としての役割を果たしている、と明示した点であろう。

2 「普遍文化」と「個別文化」

普遍か、個別か

国際関係の研究に文化と言語の視点を組み込もうと考え、日本国際文化学会を創設した平野健一郎は『国際文化論』において、これまでの定義を集約して、次のように述べている。

　普遍的、抽象的には、文化は、人間がみずからを守るために作り出して、周囲の自然環境と人間みずからのあいだに位置させたものと理解される。しかし、その自然環境は、具体的な「時と場所」によって異なる。したがって、人間がその自然環境に対応してみずからの周りに作り出す文化も「時と場所」によって異なってくるはずである。地理的な隔絶と歴史的な変化が特定のパターンをもった個別文化を作り出すのである。

線引きできない文化

　「普遍文化」と「個別文化」の区別は、文化を考える際に重要であるが、どこまでが普遍的でどこが個別なのかの線引きは意外に難しい。例えば「復讐」は普遍的な人間の感情だからこそドラマや演劇などで取り上げられるのだろうが、同じアジアの復讐劇でも、日本、韓国、中国で微妙な違いが感じられる。ただ、個別文化の違いを意識しても、外国文化として珍しがるか、敬遠するか、所詮は人間だから似たようなものだと異質性を無視したりしがちである。普遍文化と個別文化が、明確に分かれているわけではなく、渾然と絡み合っているので、やむをえない。その把握しにくい現象を理解するうえで役に立つのが、テレビドラマ『愛の不時着』である。普遍性と個別性の双方が巧みに提示されている。

　『愛の不時着』が世界中で老若男女を引きつけ社会現象にまでなった理由は、このドラマに誰もが自分のこととして考えられる普遍性があったからではないだろうか。それは、人間なら誰しも経験する愛や別れ、親子の葛藤、家族の絆であり、朝鮮半島の分断を扱いながらも、同様の「分断」は、昔も今も世界各地で存在していることにあるのではないか。

　同時に『愛の不時着』では、北朝鮮（朝鮮民主主義人民共和国）と韓国（大韓民国）の個別文化の対比が際立っていた。特に、ドラマとはいえ、脱北者の証言を

もとに北朝鮮の人々の暮らしが丁寧に描かれていたことが大きい[注5]。

　もっとも、これまでも情報がなかったわけではない。『ドクター異邦人 Doctor Stranger』では、南北交渉の裏にある政治に翻弄される心臓外科医が北朝鮮で過ごした日々を描写している。山下英愛・文教大学教授によれば、『キング――Two Hearts』(2012)では北朝鮮の人々を等身大に描こうとしていたし、脱北者を主人公にしたドラマ『吹けよ、ミプン』(2016)では、北の生活も出てくる。北朝鮮でもテレビドラマが作られ、南北首脳会談が開かれた 2000 年以降は、南北合作ドラマ『死六臣』(2007)も制作された[注6]。しかし、『愛の不時着』では、富裕層や特権階級だけでなく、軍事境界線近くに住む人々が、夜間に抜き打ちで各家庭を調べる「宿泊検閲」や頻繁な停電、食糧不足などの制約のもとでも知恵を絞り助け合いながら、たくましく生きている様子が印象的である。女性たちは協働作業でキムチを漬け、並んで洗濯をしながら井戸端会議でお喋りする。憧れのリ中隊長が前線勤務から戻ってくると、張り切っておしゃれをし口紅を塗り直して、手料理を届ける。夫への不満を愚痴り、わが子にはよい教育を受けさせようとする姿は普遍的でありながら、同じコリア語であっても南とは微妙に違い、価値観や信条の差異も見てとれる。

　「普遍文化」と「個別文化」が縦糸と横糸のように

なって紡ぎ出す文化の実相を『愛の不時着』は見事に
示してくれた。

3 異文化接触

他者との出会い

『愛の不時着』の魅力のひとつは、「邂逅（かいこう）」にある。
「他者との出会い」が物語を貫いており、「異文化接
触」の様相がさまざまな形で、時にユーモアを交えな
がら描写されている。

韓国で著名な経営者である財閥令嬢と、北朝鮮高官
の息子である特殊部隊将校との遭遇を軸に、周囲の人
々も多様な異文化接触に巻き込まれていく。

新製品のテスト飛行中に竜巻でパラグライダーが落
下したユン・セリが意識を取り戻すと、木の枝に引っ
かかっていた。通信機で社員に事故を伝え、「早く何
とかして」と頼むが、通信はつながらない。

どうしようもなく、助けを求める声を聞きつけてや
ってきたのは、見知らぬ軍人。子鹿がいる森の風景を
見て国立公園に不時着したと思い込んだセリは軍人を
見て、捜索隊が来たと喜ぶ。ところが、軍帽の記章を
見て北朝鮮の軍人だと気づく。それでもまさか北朝鮮
内に自分が入ってしまったとは思わず、韓国に帰順（きじゅん）
した兵士だと勘違いする。しかし、軍人から「そっちが
北に入ってきた。ここは北朝鮮だ」と言われ、なぜか
英語で "North Korea!?" と聞き返し、絶句する。

12

「木から降りろ」と命令されても、こんな高いところからは降りたくても降りられないと拒否していたセリだが、銃を向けられると従わざるをえず、「はい、わかりました。今、降ります」と言って木の枝から落下したのを抱きとめたのが、非武装地帯の警備にあたっていた中隊長のリ・ジョンヒョク大尉である。

非武装地帯で遭遇した２人の会話は最初から噛み合わない。突然、異質な文化に邂逅すると、相互に信頼関係がないので、警戒や不信感、疑心暗鬼（ぎしんあんき）が先立ち、困惑や混乱などは必然ともいえる。

文化の邂逅と摩擦

軍人から合言葉を言うように指示されても、セリには何のことかわからない。「所属と氏名」を質問されると、「会社名を言ったところで、どうせ知らないでしょ」と言い「ファッション企業の経営者」とだけ自己紹介し、初対面の人に名前は明かせないと名乗ることを拒否する。住所も番地までは教えない。

ジョンヒョクは、中隊員たちがいる場所までセリを連行しようとするが、当局に拘束されるのは嫌だ、自分で韓国に戻る、と逃げ出したセリは、地雷が埋められているとは知らず川を渡ろうとする。「地雷がある！」と慌てて阻止しようとしたジョンヒョクは、自身が地雷を踏んでしまう。動いたら地雷が爆発するので川岸で立ちつくしている姿を見たセリは、「顔は私

のタイプね。統一したら会いましょ」と言い放ち、走り出す。

　韓国側へ行くには、少し先を右に曲がる、と教えられたのに、セリは北朝鮮軍人の言うことを信じられるだろうかと迷い、いつも選択を誤らない自分の勘を信じて反対方向へ行く。テスト飛行のために着ていた新商品の背中には、社名 Seri's Choice（「セリの選択」）。しかし、その時の選択によってセリの人生は大きく変わることになる。

　逃げる途中の野原に大韓赤十字社の救援袋が転がっていたことで、韓国側に戻れたと思い込んだセリは安堵するが、目に入ったのは、真っ暗な村。明け方になって電気がつき姿が見えてきた女性たちは、風変わりな朝の体操をしており、子どもたちは奇妙な号令をかけて集団登校している。

　しばし呆然としていたセリは気力を奮い起こして村へ入るが、不法侵入者を追跡してきたリ中隊長に見つかってしまう。彼はとりあえず自分の舎宅にセリを入れるが、ここでも2人の話は嚙み合わない。セリは、有名人の自分が失踪したとなったら韓国は大騒ぎだし韓国政府も黙っていない、CNN が報道し、国連で問題になるかもしれない、とまくし立てる。しかし、ジョンヒョクは、まるで無反応。「私が失踪したとなったら会社の株が暴落する」「株主総会までに帰国しないと大変なことになる」とわめかれても、資本主義は

14

悪とされている北の人間にはピンとこないので、動じない。「インターネットで世界中に知れわたる」と脅されても、表情を変えず「インターネットは北にはない」と答えて終わる。

そのうち、リ中隊長の側近である第5中隊員4名がやってきてセリを見張ることになるが、異文化の衝突が次々と起こる。

▌ 4 異文化適応

異文化感受性の発達モデル

異文化の衝突や摩擦は、必ず起こるとは限らず、その度合も個々に異なる。それは、出会ったひとりひとりの人間が異文化に対してどのような適応性を備えているかにより、反応や対応が違ってくるからである。

「異文化適応」についてよく使われるのが、「異文化感受性の発達モデル」(DMIS＝Developmental Model of Intercultural Sensitivity)である。そのモデルでは異文化適応が6段階に分けられている。

(1)「拒否」(denial)
　自分の文化を唯一絶対のものと考え、異質な文化を拒否する「自文化中心」(ethnocentrism)である。
(2)「防御」(defense)
　「拒否」の段階よりは、異文化の存在を認識しているが、異質性に脅威を感じ、最も優れているの

は自分の文化だと考え、「われわれ」と「あいつら」とを分けて、自分たちの文化を守ろうとする。

(3)「最小化」(minimization)

文化的差異に目を向けず、自分の文化が普遍的であると考え、他文化との差異を最小限に見積もり、むしろ「人間はみな同じ」と共通点に焦点をあてる。

(4)「受容」(acceptance)

自文化は、ほかにいろいろある文化のひとつだと考え、差異は認めつつ、ほかの文化を背景に持つ人たちも同じ人間だと受け入れる。

(5)「適応」(adaptation)

異質な文化に合わせて物事を認識し、行動する。

(6)「統合」(integration)

複数の文化を自分のなかで統合させ、広い視野と価値観を持つようになる。そのときどきの状況に合わせて自分の行動を変えることができる。

この6種の発達段階は、この順序で進むべきということではなく、異文化適応に至る前の異文化に対する感受性(sensitivity)を分類し、およその傾向を見ようとしている。固定された分類ではないので、出会いの場や邂逅の仕方で段階が異なることはありえる。

それでも、異文化への態度を分析するには参考になる。例えば、初めてセリと出会った中隊員ピョ・チス

の反応は、「防御」の範疇にあると考えられる。セリの髪型から服装、言動のすべてが北の人間とは違うので、差異を認めないわけにはいかない。したがって「拒否」ではない。違いを知ったうえで、ことあるごとに南を「資本主義」とバカにし警戒する。もともと口が悪く、資本主義嫌いに加え、射撃の腕を誇る自分が発砲したのにまんまと逃げられたことへの怒りもあり、ことあるごとに嚙みつく。自己主張が強く経営者の感覚で仕切るセリを、身勝手でわがままな女だと罵り、二言目には「穴を掘って埋めてやる」と脅す。セリが南の状況を話すと「ホラを吹いてる」と笑い飛ばし、逆に北を自慢して喧嘩を売る。これはドラマ後半にソウルへ行ってからも続き、単純に感心している中隊員に対し常に警戒せよと注意する。ところが北へ送還後は、南の表現を好んで使い、「自分に南は合っていた」と仲間に明かす。「受容」と「適応」のあいだくらいに移ったといえようか。

　中隊員キム・ジュモクは、韓流ドラマ・オタクで女優チェ・ジウの大ファンである。セリが走って逃げていた時に哨所にいながら気づかなかったのは、テレビでチェ・ジウ主演『天国への階段』を夢中になって観ていたからである。

　南についてのジュモクの知識は、すべてドラマから得ている。習慣から言葉づかいに至るまで幅広く的確なので、文化と言語の「通訳者」として、中隊長や隊

員とセリとのあいだのコミュニケーションを仲介する。「イチオシでヤバイ」という南の流行語を使い、セリが「私のイチオシはリ・ジョンヒョク。魅力がヤバイ」と語っていたと伝え聞き、意味がわからないでいるリ中隊長に、「一番好きで、魅力的」の意味だと説明し、ジョンヒョクが嬉しそうになる場面もある。ジュモクは、ドラマを通して異文化を理解し、「適応」段階にあると考えられる。

中隊長が最も信頼しているパク・グァンボムは、常に沈着冷静で、リ中隊長を心から尊敬している。自分からはあまり話さないが観察眼が鋭く、「人を見る目は確かな女性です」と早くからセリの長所を見抜いている。母や弟妹たちを養うため兵役についている17歳のクム・ウンドンは、興味津々でセリの話を聞き、セリを姉のように慕い親切にする。この2人は、南は北とはずいぶん違うと思いながらも、セリを自分たちと同じ人間だと考えて接するので、「受容」段階であろう。

このドラマでは、北朝鮮の上流階級が子弟をロシアや中立国スイスに留学させる様子が出てくる。双方の親が決めたジョンヒョクの婚約者はチェロ奏者としてロシアに留学。ジョンヒョクは高校生のころからピアノ・コンクールでたびたび入賞している逸材で、ピアニストを志望しスイスの音楽大学に留学した。

留学中はドイツ語と英語を使い、異文化を体験して

いる。異質性に向き合った際の柔軟な対応に、その体験が見てとれる。差異は認めつつ、同じ人間だと受け入れるジョンヒョクの態度は、複数の文化を自分の内部で統合させ、広い視野と価値観を持つようになった「統合」レベルと考えられる。自分のなかの軸が確固としていながら異質性を受容する自然な振る舞いであり、どのような場であっても、周囲に合わせる努力はしつつ、自分らしく行動する姿が顕著である。

異文化適応能力

　異彩を放つのが、ユン・セリという女性の異文化適応能力の高さである。高度にIT化された高級マンションに暮らし、一流レストランで食事をする毎日だったのが、北に不時着してからは、一変する。停電は日常茶飯事。蛇口をひねってもお湯は出ず、水を汲んでかまどで沸かさないと入浴もできない。食べ物は粗末で、ジャガイモやトウモロコシを主に食し、米は貴重である。北では肉が特別なご馳走なのを知らず、「1日2回は肉を食べないとダメなの」と言って中隊員から顰蹙を買う。南では贅を尽くした料理でも3口しか食べないので「小食姫」と呼ばれていたのに、北では何でもパクパク食べて食欲旺盛。チスから「中隊長の家の食料を食べ尽くしている」と文句を言われる。「貝料理は、ブイヤベースしか知らないの」と言いつつ、庭で焼いた貝のプルコギを食べ、「（白ワインの）ソ

ーヴィニヨン・ブランしか飲まないのよね」と言いながら貝殻に注いだ焼酎をガンガン飲む。「ソウルでの朝食は、カナダ産のオートミールにカナダ産のメープルシロップをかけていたの」と説明しながら、お焦げに砂糖をつけてもりもり食べ、「なんだか、こっちの生活に慣れてきちゃった」。

文化が異なる環境にいきなり放り込まれると、生活習慣などあらゆる事象が異質であり、周囲は見知らぬ人たちばかりとなる。そのような状況でリーダーシップを発揮できる人は少ないが、セリは例外的である[注7]。リ中隊長宅にかくまってもらった当日から、隊員が集まった場で、中隊長を差しおいて、南への帰還策を練る会議を勝手に開き、主導権を握る。互いの名前も知らない間柄なのに、「軍事境界線を越えた人間を見つけた際のマニュアルがないのか」を問い、「南に帰る具体策はないのか」を尋ね、手を挙げたジュモクに対し「はい、『天国の階段』、どうぞ」と指名。自分が経営している会社での会議さながらである。

周囲の様子を仔細に観察し、わからないことは遠慮なく質問するセリは、正義感の強いジョンヒョクが上層部から煙たがられていると知る。そこで、上司である大佐に影響力を持つのは誰かと隊員に尋ねる。「奥さんの言うことならなんでも聞く」という情報を得るや、大佐夫人の誕生日祝賀会に姿を現し村の女性たちの度肝を抜くが、抜群の機転とコミュニケーション能

力で、あっという間に一座の中心となる。

　仲良くなった大佐夫人に連れられて村の市場に出かけると、商品をあれこれ吟味し感想を述べる。自社の製品が密売されている店では、店員に代わり化粧品の成分や効能を述べ立て、美にこだわる大佐夫人から「美容に詳しいのねえ」と気に入られる。洒落たジャケットを見つけ、「お金がないという経験は生まれて初めて」と言いながら、村の女性たちに教えてもらった質屋で、はめていた時計を質に出し、ジャケットを手に入れる。

　世界のどこに行っても、自分らしさを発揮しながら、現地に適応して生きていく見本のようである。

▌5　他者と差異　共感と寛容

異なる文化と接した時

　「異文化理解」とは、文化が主体の理解である。国を超えてひとつの文化が存在する場合もあれば、同じ国のなかに異なる文化が共存することもあるのが現実の世界である。

　したがって、人類が持続可能な未来へ向けて共存していくには、個々の人間が、自文化と異なる他文化を理解することが肝要になる。

　しかし、世界に数多ある個別文化をすべて学ぶことは無理である。そうなると必要なのは、それぞれの文化を個別に対象とするのではなく、「異なる文化」と

接触した際に、どう対応するか、摩擦をどうやって回避あるいは修復するか、という原理と方法論に行きつく。これを突き詰めていくと、「異文化理解」とは、すなわち「異質性への対応」であり、「他者理解」であると考えられる。

異質な他者は、外国の文化だけとは限らない。国内にも異文化はある。日本では関西と関東で笑いの文化が違うし、米国でも東海岸と西海岸、北部と南部など地域による差異がある。スペインでは、カタルーニャやバスクなどがマドリードにある中央政府に反発しているが、その要因は政治経済の問題だけでなく、言語や文化の違いも大きい。2015年のスペイン映画 *Ocho Apellidos Catalanes*（カタルーニャの8つの苗字）では、カタルーニャ人とバスク人が中央政府を嫌悪する様子をコメディ仕立てにしている。

それほどの違いではなく、意識していないことが多いが、職場での人間関係はむろん、近所付き合いや、家庭内でも夫婦や親子などの「他者」が存在する。そして、「他者」を理解し受け入れることは容易ではない。

思想家バフチン（Mikhail M. Bakhtin）が考える「対話」（dialogue）とは、「他者との分かりあえなさ」を前提にした概念である[注8]。異なる世界を見ている異質な他者と向き合うことは難しいが、だからこそ対話による可能性を求める必要がある。それには具体的にど

うしたらよいのか。異文化コミュニケーション分野でも模索は続けられている。

　近年の異文化コミュニケーション研究では、「異文化能力」(intercultural competence)は一生を通して発達する生涯学習であり、言語能力は必要だが、それだけでは異文化能力につながらないこと、複雑かつ広範な能力なので、教育にあたってはいくつかの要素に分けて考える必要がある、と指摘されている。

　そして異文化との接触や交流において適切な行動をとるうえで重要な要素として、「異なる価値観を尊重する」「決めつけず心を開く」「好奇心」などの態度が挙げられ、特に「他者」の視点で自分の文化を相対化する必要性が語られている。

感情移入としての「共感」

　「他者理解」にあたって重要な概念として着目すべきは、empathy（感情移入、共感）である。相手に同情する sympathy ではない。

　「同情」と「共感」の違いを表す台詞（せりふ）が、2020 年のドラマ『梨泰院（イテウォン）クラス』に登場する。親に捨てられ施設で育った女性オ・スアが、人から同情されることを極度に嫌がり、「同情なんて、人を見下して自分を慰める馬鹿げた感情よ」と吐き出すように言う。つまり、「同情」は憐れみであり、そこに明らかな上下関係が存在することを指している。

そのような「同情」と違い、「共感」は、同等の関係性を保ちつつ「感情移入」し、相手の気持ちになることを指す。『私の名前はキム・サムスン』には、"What would you have done if you were in my shoes?"（あなたが私だったら、どうしてた？）という英語の台詞が出てくるが、この in somebody's shoes（誰かの身になること）が、感情移入である。

　「感情移入としての共感」を具体的にどう説明するかは難問だが、『Secret Garden』では、財閥御曹司がスタント女優に恋する物語で、映像化してみせた。

　若く有能でイケメン、身分、学歴、財力、権力すべてにおいて完璧な男と自他ともに認める経営者キム・ジュウォン[注9]は、社員の挨拶は無視して当然だと考え、誰かに礼を言ったり詫びたりしたことがない傲慢不遜な人間である。「生まれた時に臍の緒といっしょに謙虚を切り捨てた、韓国一、生意気なヤツ」と評される34歳が、たまたま出会った女性キル・ライムに一目惚れする。ライムは、両親を亡くして大学には進学できず、まともな職歴もないが、今はスタントの仕事に打ち込んでいる30歳。本質を見抜く力があり、権力に屈しない強さがある。

　ジュウォンは、ライムが属する階級を「疎外された貧しい人たち」と呼んではばからない。富や権力を象徴するジュウォンに対し、社会の底辺を象徴するライム。このドラマに通底しているのが「格差」と「差

別」である。それを映像として見せる道具立てのひとつとして高級デパートの VIP ラウンジが扱われる。高額な買い物をした顧客だけが使えるラウンジについて、ジュウォンは、「預金口座にどれだけお金があるか考えたこともなく暮らせるのが上流階級であり、彼らは徹底した差別化と特権を求める」と説明する。

その時は「あなたも、そうなの?」としか言わなかったライムだが、アクション・スクールの宴会で、仲間たちには焼いた豚皮を配ったのに、ジュウォンには配らない。ジュウォンが文句を言うと、「前はバカにして食べなかったじゃない」。ジュウォンが「それでも、僕にも配らないのは不公平だ」と怒ると、「あなたの世界では、差別が常識なんでしょ?」と切り返す。

将来はリゾートもゴルフ場も経営する立場にあるジュウォンは、結婚は企業の合併と同じだと割り切っており、学歴、家柄、財産のいずれもないライムに惹かれる自分はどうかしていると考え、母親にも猛反対される。ライムも、ジュウォンを知れば知るほど、自分からは遠い存在だと感じる。ジュウォンが「階級が違うとコミュニケーションも困難だ」とつぶやき、ライムが「異文化交流よ」と答える場面もある。

そんな2人が、ライムの将来を案じた亡き父親の魔法で、魂が入れ替わってしまう。ジュウォンは、ライムの姿となってオンボロのアパートで暮らし、自身の母親から呼び出され「息子と別れなさい」と手切れ金

を渡されるなど、貧しい女性が上流階級からどのような扱いを受けるかを実体験する。逆にライムは見た目はジュウォンとして、警備員常駐の広大な敷地に建てられた邸宅に住む。高級な衣服や時計がいくつも並んでいるクローゼットを見て、「本物の金持ちなんだ」とため息をつく。

　荒唐無稽な設定であるが、2人がそれぞれの住まいや職場など両極端の環境に身を置き、自分とはまったく異なる世界を知ることを表象するための仕掛けであり、違う相手の身になる「感情移入」を視覚化することに成功している。

寛　容

　最近の異文化コミュニケーション研究で、新たに出てきた概念に tolerance がある。日本語では「寛容」「寛大」という訳語が使われている。racial tolerance なら「人種に対する偏見のなさ」を指す。動詞の tolerate には「許す、容認する」のほかに、「耐える、我慢する」の意味もあるが、異文化理解においては、我慢するというより、「許容する」のである。tolerating ambiguity「曖昧さを許容すること」として使われる。文化が違うと、正しいか間違いかは明確に分けられず、常識か非常識かの境界が曖昧になる。その曖昧さを受け入れるのも異文化能力の要素であり、そのような柔軟性から、互いがそれぞれの違いを容認し、その違い

に寛容である態度につながる。

　日本語の「寛容」について、ロバート キャンベル・早稲田大学特命教授は、LGBT法案（2021年）を例に、裏に潜む差別意識を指摘する。寛容は「他人の罪過をきびしくとがめ立てしないこと」を前提に「過失を大目に見て人を許すこと」であり、「後ろめたいことをしていないのに『寛容』というのは何ごとか」と問う[注10]。その批判が的を射ていることを認めたうえで、ここでは「共感」に代わる異文化理解の概念として紹介しておく。

　相手の身になる「感情移入」は、言うは易く行うは難しであり、否定的な見方もある。例えばバフチンは、「ただ感情移入するだけでは、二人（以上）が出会った意味がない。『他者』として出会うのでなければ、両者のあいだに新たな意味が生まれうる貴重な機会がみすみす失われるばかりか、当人の自己喪失にもつながりかねない」（『バフチン』より）と批判した。そうなると、まずは他者に対し、差異について寛容であることが先決となる。

　もっとも「寛容」も抽象的な概念なので、具体的なイメージが浮かびにくい。何かわかりやすい例がないかと探していたら、ドラマ『よくおごってくれる綺麗なお姉さん』で使われている歌があった。

Stand by Your Man

　フランチャイズ・コーヒー店運営会社の女性社員が、年下のゲーム開発者と恋仲になる物語で、全25話を通して2人が登場する場面で使われているのが"Stand by Your Man"である（訳は筆者による）。

Sometimes it's hard to be a woman,
Giving all your love to just one man.
You'll have bad times, and he'll have good times,
　　doing things that you don't understand.
But if you love him, you'll forgive him,
Even though he's hard to understand.
And if you love him, oh, be proud of him,
'cause, after all, he's just a man.
Stand by your man.
Give him two arms to cling to,
And something warm to come to,
When nights are cold and lonely.
Stand by your man and show the world
　　you love him.
Keep giving all the love you can.
Stand by your man.

女性であることは、時に難しい
ただひとりの男性だけに私の愛のすべてを与えること
つらい時もある　彼は楽しんでいる
私には理解できないことをして
でも愛していれば、許す

理解しにくい人であっても

愛しているなら、彼を誇りに思って

だって、しょせんは男よ

彼に寄り添って

彼がすがれるように両腕を与えて

迎える温かな何かも

寒くて寂しい晩に

彼に寄り添って、彼を愛してるって皆に見せて

限りない愛を与え続けて

彼に寄り添って

　1960年代から70年代を代表するカントリー・ミュージックのシンガーソングライターであるウィネット(Tammy Wynette)が作ったこの曲は、1968年に発表されるとカントリー・チャートで第1位となり、第12回グラミー賞(1970年)で最優秀女性カントリー・ボーカル賞に輝いた。ところが当時は、女性解放をめざすウーマン・リブ運動家から、男性に尽くす伝統的な女性像だと批判された。

　しかし、ウィネットの歌声を録画で聞いてみると、実に力強く歌っている。男性に従属している女性の歌には聞こえない。むしろ、自立した女性の主体性が感じられる。

　確かに歌詞を読めば、男性に都合のよいような女性のあり方を歌っているようにも受け取れる。しかし歌

というのは、さまざまな解釈が可能である。

タイトルの "Stand by Your Man" を「あなたの男を支えなさい」と訳せば、男女同権の時代に逆行しているようになる。しかし、stand by somebody という英語表現は、「苦しい時などに人の力となって支える」という意味であり、日本語で「寄り添う」と訳してみれば、受ける印象がまったく違ってくる。

さらに、ここで使われている you は「あなた」という呼びかけではなく、一般的な you であり、日本語では訳さないほうがわかりやすい。

なお、翻訳する際には、多様な解釈に基づいて多種の訳出があり得るので、唯一の正しい訳詞はない。先に紹介した日本語の訳詞は、筆者なりの解釈で試みた訳である。

この曲が流れている場面は、多様である。最初は第2話で、失恋したユン・ジナがやけ酒を飲み、ジナの親友である姉から頼まれてソ・ジュニが車で送る場面で流れる。第3話では、急に雨が降り出し、赤い傘をわざと1本だけ買ったジュニが、ジナといっしょにあいあい傘で歩く場面で流れる。

第6話では、ジナが夜遅く1人で店の後片付けをしていた時に、以前の恋人が現れる。自分から別れておきながらつきまとって復縁を迫る元カレを説得できないでいたジナは、危うく襲われそうになる。連絡が取れず心配して店に駆けつけたジュニが「二度とひとり

にしない」とつぶやく場面で、"Stand by Your Man"が流れ始める。ジナを自宅に送ったあと、ジュニは自分の部屋でこの曲をかけ、彼女が眠れるように携帯電話をプレーヤーにかざして聞かせる。「元カレになぜ毅然とした態度が取れないのか理解できない。でも僕は君を愛しているから、許す。これからは僕が君を守るから、一人でいないで、僕のそばにいて」という気持ちを曲に託しているかのようである。

　ドラマでは、この曲をウィネットではなく、イタリア出身の歌手でファッションモデル、元フランス大統領サルコジの妻であるブルーニ(Carla Bruni)が歌っている。ウィネットは力強く歌っているが、ほかの歌手はそれぞれ雰囲気が違う。ブルース・ブラザース(The Blues Brothers)は陽気に楽しく歌い、エルトン・ジョン(Elton John)は男性からの視点で朗々と歌っている。ところが、ブルーニが歌うと、なんとも穏やかで優しく心地よい。ドラマに使われても邪魔にならず物語に溶け込むので、こちらを使ったのだろう。

　ただ、韓国ドラマの主題歌はオリジナル曲が多いし、このドラマでは Rachel Yamagata がドラマのために作詞・作曲した "Something in the Rain" を自身が歌っている。それなのになぜ50年前の古い曲を使ったのか、不思議に思った。そこで音楽に着目しながら確認してみると、もっと古い "Save the Last Dance for Me"(「ラストダンスは私に」)も繰り返し流れる。

Save the Last Dance for Me

「ラストダンスは私に」は、1960年にドリフターズ（The Drifters）が歌って大ヒットした（以下、歌詞の一部）。

You can dance
Every dance with the guy who gives you the eye
Let him hold you tight

You can smile
Every smile for the man who held your hand
Neath the pale moonlight

But don't forget who's taking you home
And in whose arms you're gonna be
So, darling, save the last dance for me

I will never, never let you go
I love you, oh, so much

　作詞者のポーマス（Doc Pomus）は、小児麻痺の後遺症で松葉杖と車椅子の生活であった。米国の結婚披露宴では新郎新婦だけでなく参列者もダンスを楽しむが、彼は皆が踊っている姿を見るだけだった苦い体験から、松葉杖をついたままでもラストダンスだけは君と踊りたい、という切ない想いを込めて作詞したとされる。

特に後半の歌詞が愛する女性への一途な想いを表しているように感じられるし、ウィリス（Bruce Willis）の歌声が、このドラマを引き立たせている。

　それでも、なぜ往年の名曲を使うのか選曲の意図がわからない。主人公２人の関係性を暗示しているように思われるが、確かめるため、どの場面でどちらの曲が使われているかを、探ってみた。

　すると、第１話で、付き合っていた弁護士がジナに別れを告げる場面で "Save the Last Dance for Me" が流れ始め、３年間の米国勤務からソウルに戻ったジュニが自分の部屋に入る場面に切り替わるまで、ずっと流れる。次に、仕事で疲労困憊しヨロヨロと歩いていたジナの周りを潑剌としたジュニが自転車でまわって再会する場面でも流れる。

　第５話では、屋台で立ち食いしている２人の映像にかぶせて "Save the Last Dance for Me" が流れる。美大卒のジュニがスケッチ帳を買ってきて、ジナを描き始める間も、映像に合わせて曲は流れる。

　画面が変わり、モデルになっているジナの顔をひたと見据え真剣な眼差しで描いているジュニの顔をカメラがとらえると、曲は "Stand by Your Man" に切り替わる。「僕のそばにいて」と願う彼の心を映し出すかのように。

　ジュニは、優秀なゲーム開発デザイナーだけあって「タブーを破ってこそ、プロフェッショナル」と言い

切る自信があり、自尊心も強い。親友のお姉さんとして小学2年生から家族同然に過ごしてきたので、最初は「おごって」と、わざと甘えたりもするが、年上に頼る弱さはなく、若くても自立している。判断を誤っては次々と騒動を起こすジナを常に守ろうとする強さがある。しかしジナは、家族など周囲の反応を気にして2人の関係を知られることに躊躇し思い悩む。"Stand by Your Man"の最後の部分は、そのような女性に対してメッセージを伝えているように感じられる。

Stand by your man and show the world you love him.

彼のそばにいて、彼を愛してる、って皆に知らせなさい。

そして最終回に至るまで繰り返し流されるこの曲が、「理解できなくても、愛があれば、許す」というメッセージとして使われているのではないか、これは他者理解における「寛容」に結びつくのではないかと思い至った。

"Save the Last Dance for Me"は、男性の想いを歌ったものであるが、日本では岩谷時子が女性の曲として日本語に訳し、越路吹雪が「ラストダンスは私に」(1961)として歌った。同様に、"Stand by Your Man"も「彼」を「彼女」に変えれば、男性が女性を想う歌

になる。

　さらに視野を広げれば、男女の関係を超え、自分とは異なる他者すべてと置き換えることも可能ではないか。そうすると、「相手は、あなたが理解できないことをする」「でも理解できなくても、愛があれば、許す」と解釈できる。

　試しに該当部分を日本語にしてみよう。

　時に難しいのは
　たったひとりの人に愛を与えること
　不快なこともあるし、
　楽しそうにやっていることを
　理解できない時もある
　でも、愛があれば、許す
　どんなに理解できない人であっても

　文化が異なるのは、外国だけとは限らない。ジェンダーの差異や、年代の違いもあれば、業種によって異なる企業文化もある。

　さらに「多様性」という視座から考えれば、障害のある人の気持ちを障害のない人が共有できるか、富裕層は庶民の思いに心を寄せることが可能か、教師はどれだけ生徒を理解しているかなど、まさに異文化理解の問題が存在するのがわかる。社会には多種多様な集団が存在し、それぞれが固有の文化を持っていると考

えることから多文化共生への努力が始まる。

異質な文化を理解することは難しいが、相手が誰であれ、ひとりの人間として見ることで、自分には考えられないような行動をする存在に対しても、許すことができるようになる。違いを含めて相手の存在を許容することが、「寛容」である。

さらに言えば、異質性への「寛容」から対話が始まることで一歩でも他者理解に近づくことが可能になるのではないか。テレビドラマ制作の現場を描いた『彼らが生きる世界』で、若手の監督がつぶやいていた。「理解できないから、俺たちは語り合う。そして全身の感覚を総動員して向き合うのだ」。

▌ 6 多文化共生

昔も「多文化共生」はあった、と設定したドラマが *Bridgerton* である。英国王ジョージ4世の即位前後から始まるリージェンシー時代（Regency era）と呼ばれる19世紀初めの社会を描いており、主役のヘイスティングス公爵（Duke of Hastings）が有色人種であり、爵位を与えられている。当時は人種的に統合された社会であったとして、いわば alternative history（もう一つの歴史）を提示している。原作者 Julia Quinn は、「シャーロット女王はアフリカ系」との説に触発されて *Bridgerton* シリーズを書いたとされる。ドラマでは、ヘイスティングス公爵の母親代わりの貴婦人がこんな

ことを語っている[注11]。

We were two separate societies divided by colour,
until a king fell in love with one of us.

肌の色によって二つの異なる社会にわかれていたけれ
ど、国王が私たちの一人に恋してから変わった。

　現代の「多文化共生」という考えが生まれたのは、
グローバリゼーションと無縁ではない。グローバル化
で国境を越え人々が自由に移動できるようになった帰
結として、世界各地で異質な文化の接触が増え、軋轢
が生まれるようになった。移民に職を奪われるのでは
ないか、犯罪が増えるのではないか、という警戒心や
猜疑心、自分の街に自分たちとは違う宗教や文化が持
ち込まれることへの嫌悪感などが要因となり、移民排
斥の動きが各地で起きた。
　そのような事態を防止し、回避するためには、さま
ざまな文化的背景を持つ人々が共に生きるのがあたり
まえの社会を実現しなければならない。ビジネス界で
は、そのような多様性がむしろ生産性を高めることか
ら、「多様性」(diversity)を積極的に取り入れる動きも
ある。

異質性を含めること
　しかし、これまでの実態を振り返ると、単にいろい

ろな人間を組織に入れるだけでは多様性が真価を発揮しないことがわかってきた。必要なのは、多様な個性が、存分にその力を発揮できるような環境を整えることである。それを英語では inclusion と呼ぶ。動詞の include（含む）の名詞形であるので、日本語では「含めること、包含」であり、「社会的包摂」という訳語もある。反対は exclusion（締め出すこと、除外）である。

「多文化共生」「多様性」は耳に心地よく響くが、実現するには、「異質性を含めること」に向けて、具体的かつ相当な努力が社会全体に求められる。

ハリウッドでは、出演者や監督などを圧倒的に白人の男性が占めていたことから、女性や人種・民族など社会的マイノリティの割合を増やすよう求める声があがった。それを付帯条項として出演契約書に入れないと署名しないと宣言するスター俳優も出てきたことで、徐々に状態が改善されている。そのような意識改革の成果はアカデミー賞でも感じられる。2020 年度は韓国映画『パラサイト——半地下の家族』が作品賞を獲得。2021 年度は、中国生まれのクロエ・ジャオが *Nomadland* で監督賞、『ミナリ』に出演したユン・ヨジョンが「助演女優賞」に輝いた。

多文化共生を映像化したといえるドラマに、先にも紹介した『梨泰院クラス』がある。飲食業界の最大手「長家」を相手に闘うパク・セロイの復讐劇である。

38

ソウルにある梨泰院は、東京でいえば原宿か六本木の
ように外国人が多く、セロイによれば「多様な文化が
あって自由。束縛がない」街なので、居酒屋を株式会
社にするにあたって社名を「梨泰院クラス」とした。
その社名がドラマのタイトルになっている。

　梨泰院で始めた居酒屋タンバムには、多様な若者た
ちが集まった。20歳のイソは成績優秀でスポーツ万
能、反社会性パーソナリティ障害だが、SNSインフ
ルエンサーとして有名である。イソと高校の同級生で
あるグンスは、長家会長と愛人とのあいだに生まれた
次男で、高校進学を機に家を出て自立している。刑務
所でセロイと知り合った元ヤクザのスングォンは、
「アニキ」と尊敬するセロイの影響を受けて更生した。
ヒョニは、工場で働いている時にセロイと知り合い、
店の料理長として採用された。トランスジェンダーで
あることをセロイだけに打ち明け、ほかの仲間には隠
している。ホールスタッフに応募してきたキム・トニ
ーはギニア生まれで、アフリカから韓国人の父親を捜
しにきた。

「インクルージョン」とは

　「多文化共生」を実現するうえで必要な「インクル
ージョン」とは、どういうことなのかを、『梨泰院クラ
ス』ではわかりやすく提示してくれる。

　多様性そのもののような店を社長のパク・セロイが

率い、それぞれが役割を担って大企業に対峙する物語で印象的なのは、ヒョニがトランスジェンダーだと知った時の仲間の反応とセロイの対応である。

たまたま客から料理についての苦情が重なったこともあり、マネージャーのイソは腹を立て、肝心の料理が下手なのに、「なぜトランスジェンダーだって知ってて、雇ったの?」とセロイに詰め寄り、「トランスジェンダーだと知られたら、嫌がるお客もいます。クビにしてください」と要求する。

しばらく黙って考えていたセロイは、皆のいるところにヒョニを呼び、「この店で働くのは気に入ってる?」と尋ねる。ヒョニが「はい」と答えると、セロイは続けて「みんな、頑張ってるけど、まだまだだ。タンバムを大きくしたい。でも現状の課題はお前の料理だ。このままじゃダメなのはわかるだろ?」。「わかります」とうつむいたヒョニにセロイが「受け取れ。今月分の給料だ」と渡したのは給料袋。解雇されたと思ったヒョニは「今までお世話になりました……」。ところがセロイの次の言葉は、「2倍、入れた。この店が好きなら、その分、2倍、努力しろ。できるな?」であった。ヒョニは「はい」と答え、涙ぐむ。

するとセロイは、ほかの仲間に向かい、語りかける。「よく聞け。俺は世間が嫌う前科者だ。イソ、グンス、スングォンは店で騒ぎを起こして営業停止にさせた。でもヒョニは、俺にもお前らにも迷惑ひとつかけず働

いてくれた。お前らと同じ俺の仲間だ。だから大事だ。理解してほしい」。そして、こう締めくくった。

「トランスジェンダーだからいっしょに働けない、そう思う奴は言え。それが誰であれ、俺は切る」

しばし沈黙が続くが、やがて、イソはヒョニに向かって「頑張って」と声をかけ、ヒョニは「努力する」と答えたのであった。

次にセロイがしたのは、批判したイソへの対応であった。多文化組織は責任者がお説教するだけではダメで、同僚たちを巻き込む必要がある。セロイはイソに、ヒョニの料理を味見して正直な感想を言う役割を与える。味にうるさいイソは辛辣な意見を投げ続け、ヒョニはその意見を受け入れて調理を工夫する。やがてイソに「本当に美味しい」と言われるようになり、とうとうテレビの「最強の居酒屋」コンテストに出場するまでになる。

優勝すれば全国に店名が広がり投資を受けられるので、店の命運がかかったコンテストであったが、ヒョニがトランスジェンダーであることが、本番直前にSNSで拡散されてしまう。

ベンチにへたり込んでいるヒョニを見つけたセロイは、「店に戻ろうか」と声をかける。「大丈夫、逃げません」と答えるヒョニに、セロイは「逃げてもいい」と言いかけて、「悪いことをしているわけじゃないから、逃げるのは変か」と表現を変え、料理人が腕を競

うコンテストは「好奇の目に耐えてまですることではない。お前は、お前だから、ほかの人を納得させなくていい」。その言葉にヒョニは号泣する。

済州島に出張中のイソは、SNSで状況を知って心配になりヒョニに電話する。「今朝、詩集を読んでヒョニを思い出した」と読み上げた詩は、「私はダイヤ」[注12]。

　私は、石ころ
　炎で焼いてみよ
　私はびくともしない、石ころだ
　強くたたくがいい
　私は頑強な、石ころだ
　暗闇に閉じ込めてみよ
　私は一人輝く、石ころだ
　砕けて灰になり腐りゆく
　自然の摂理すらはね返してやる
　生き残った私
　私は、ダイヤだ。

この詩の朗読をバックに、画面では毅然とスタジオに入ってくるヒョニが映し出される。

ギニアからやってきたトニーも、不快な経験をする。皆でナイトクラブに踊りに行ったところ、トニーだけ入り口で「アフリカと中東は入店禁止」だと止められ

る。トニーは「私は韓国人です。父が韓国人です」と説明するのだが、外見で入店を拒否されてしまう。最初は「トニーのどこが韓国人なのよ」と突き放していたイソだが、セロイがナイトクラブのシャッターに「人種差別をやめろ」と書いたのを見て、人種による入店拒否事件をSNSに投稿する。

セロイは、「不当なことや権力に振り回されないで、自分が人生の主体となって信念を貫く自由がほしい」と語る。彼の信念は「店とは、人」「人と信頼」である。セロイは、曲がったことが嫌いで不当な扱いには敢然と立ち向かうが、相手がどのような背景を持っているかによって対応を変えたりしない。いっしょに店をやっている仲間は大事にする、それだけである。

「仲間に含めること」というのは、こういうことであり、「多文化共生」とは、個々のアイデンティティを尊重し合い、違いを認め合うことで可能になるのだ、ということを教えてくれたドラマであった。

7　多文化社会における通訳と翻訳

機械翻訳の登場

文化と言語は表裏一体であり、切り離すことはできない。多文化社会は必然的に多言語社会であり、通訳と翻訳が必須となる。ところが最近は、AI（人工知能）による機械翻訳が飛躍的に進歩し、音声変換を組み合わせた自動通訳機も市販されている。そこで、も

はや人間の通訳者や翻訳者は不要だと考える向きもある。

『Run On』に登場する字幕翻訳者オ・ミジュも「AIによって消滅する職業に翻訳家も含まれます」と語る。それに対し陸上選手キ・ソンギョムは「多くの仕事を機械がするようになっても、人間がすべきこともある」と主張する。翻訳や通訳は、まさしくそうである。

コンピューターが大量の自然言語データを学習することで多くの翻訳を機械がするようになっているが、人間が担うべき部分もある。例えば、文学翻訳はいくらAIでも無理だろうし、実務・技術翻訳にしても、最終的には人間がチェックする必要がある。そのため、機械翻訳に後から修正を加える「後編集」(post-edit)や、訳しやすいように事前に原文を編集しておく「前編集」(pre-edit)は、人間の仕事である。

さらに、機械が太刀打ちできないのは、相手の立場を勘案して丁寧な言い方に変えたり、発言の意図を汲んだり、空気を読んでその場にふさわしい表現を選ぶことなどである。それゆえ国際会議における会議通訳、政治やビジネスなどにおける交渉などは、機械ではなく人間が行う。

世界が多言語社会になっている現実を反映し、各国で多種の通訳を人間が担っている。地域での暮らしに必要な「コミュニティ通訳」(パブリック・サービス通訳)、病院での「医療通訳」、警察や裁判に特化した

「司法・法廷通訳」、学校現場における「教育通訳」、ニュース報道を訳す「放送通訳」、「芸能通訳」、「スポーツ通訳」などは、自動通訳機では無理である。

言語と文化の橋渡し

『Run On』のミジュが、英語からコリア語への字幕翻訳者になった動機は「初めて観た映画の台詞に慰められた。字幕のおかげで台詞が理解できた。言語の橋渡しをする人は、どんな人だろう、私もやってみたいと思った」である。慰められた台詞とは「人が転ぶのは、立ち上がり方を学ぶため」(Why do we fall? So we can learn to pick ourselves up.)であった。翻訳者になって「ひとつの世界を完全に理解して世に伝える仕事をしていると、満たされる」と生きがいを感じている。

ミジュは、字幕翻訳がどう作成されるかの作業過程をソンギョムに紹介し、「難しい映画の字幕翻訳をする時は、100回は映画を見て内容をしっかり理解する」「感情や関係性によって訳が変わります」「すごく不調な時は知ってる単語を調べ直したり、全然聞き取れないこともある」など翻訳業について語る。

訳語についての議論では、先輩が「直訳することがすべてじゃない。話の流れや文脈によって意訳することも必要。完璧な翻訳なんてない」と言い、Translator, traitor. という格言を引用する。

これはもともとイタリア語で Traduttore, traditore.

（翻訳者は裏切り者）という警句である。日本語字幕では「反逆者」となっていたが、日本語では通常、「裏切り者」と訳される。翻訳者は原文の意味を異言語で表現しようとするが、言語にはそれぞれ独自の世界が内包されているので言語が違えば「等価」はありえず、訳語は必ずズレる。結果として原文を「裏切る」ことになる。これは翻訳の宿命ともいえる。

2種類の翻訳

　哲学者シュライアマハー（Friedrich D. E. Schleier-macher）は、翻訳には2種類あると述べ、読みやすさを優先する訳を「著者を読者のほうに引っ張ってくる訳」、原文の異質性を重視する方略を「読者を著者に向けて動かす訳」と表現した。

　翻訳学のヴェヌティ（Lawrence Venuti）は、この2つをそれぞれ、domestication（受容化方略）、for-eignization（異質化方略）と呼んだ。異質性を尊重すれば原文には忠実だが訳文はゴツゴツした翻訳調になる。読みやすさを追求すれば原文から離れ「翻訳者は裏切り者」となる。

　どちらの訳出方略を採用するかは、翻訳の目的と原文テクストの種類による。

　字幕翻訳は、映像作品を多くの視聴者に楽しんでもらうことが目的である。テクストは、映像と音声をともなう「オーディオ媒体テクスト」としての台本であ

り、訳文は限られた字数で短時間、画面に表示される。

　映像を見ながら読んですぐに理解してもらうために
は、何よりわかりやすさが求められる。そうなると字
幕翻訳は、読みやすさを優先させる受容化方略をとら
ざるをえない。同時に映画やドラマの脚本であるので
「表現型のテクスト」として芸術性や創造性も目標テ
クストで伝えなければならず、「表出的機能」「詩的機
能」(2章3「コミュニケーションの6機能」を参照)を保持
するという困難な作業となる。

　このドラマでは通訳の場面も登場する。暴行を受け
た短距離選手が海外メディアに対し、陸上界の内部告
発をする。取材での通訳を依頼されたミジュは、ソン
ギョムから「僕に助けられたという話は訳さないで」
と頼まれる。ミジュは、「編集してから通訳しろとい
うわけ？」と反論する。通訳をしながら発言を編集し
たり取捨選択するのは、一区切りごとに訳す逐次通訳
であっても酷である。内容の訳出に専念できなくなる
うえ、通訳倫理に従えば、してはならない行為である。
韓国ドラマ『Mr. Sunshine』には、大韓帝国皇帝の通
訳者が政治的な目論見から、米軍将校の発言内容を偽
って訳したことが後に露呈する事件が出てくる。当時
は通訳倫理などの意識はなかったであろうから、この
ような意図的誤訳がなされ、通訳者に対する不信感に
つながった。

　1953年創立の国際会議通訳者協会(AIIC＝L'Association Internationale des Interprètes de Conférence)には職業倫理規定があり、integrity（正確性・信頼性）、professionalism（専門性）、confidentiality（守秘義務）が挙げられている。「通訳職の尊厳を損なうような仕事を受けてはいけない」「通訳職の品格を損ねるような行動を避ける」ことも明記されている[注13]。通訳者は中立な立場で発言を公正かつ正確に訳出する義務がある。『Run On』で通訳をしたミジュは、「私が判断して通訳します」とだけ答え、すべてを通訳して真実を海外メディアに伝える。

　通訳者は「音声言語」か「手話言語」を扱い、翻訳者は文字で書かれている「書記言語」を扱うという違いはあるが、どちらも言語を訳すだけではなく、文化も訳している。まさに異文化コミュニケーションの専門職である。

2

「コミュニケーション」とは何か

1 コミュニケーションとは

コミュニケーションは、ビジネスから政治まで昨今の日本で話題になることが多い。特に政治家が正面から議論しようとせず逃げ、口を開けば失言し暴言を吐く政治コミュニケーションの劣化あるいは欠如が問題視されている。対極にあるのが、アメリカ第32代大統領フランクリン・ローズヴェルトのコミュニケーション能力である。大恐慌と第二次世界大戦という危機にあって、言葉を駆使して国民に語りかけた。ラジオを通しての「炉辺談話」は12年間の在任中30回、記者会見は998回であった。

「コミュニケーション」という用語は、日本では「会話」とほぼ同義に解釈されているが、実際はより広義であり、多様な定義が存在する。

古典的な「コミュニケーション理論」は、言語理解を暗号解釈になぞらえて考えていた。発信者はメッセージを信号化して送り、受け手はそれを解読する通信モデルを基にしており、「導管モデル」とも呼ばれる。

このモデルは単純明快でわかりやすいので一般的に受け入れられ、英会話を練習すれば英語という暗号を解読してコミュニケーションが成立すると考える言語教育観を支えている。

しかし、この導管モデルが不十分なのは、発信者と受信者をつなぐチャンネルが音声言語(話し言葉)か書

記言語（書き言葉）かにとどまり、現実のコミュニケーションを理解するうえで不可欠な要素が欠けているからである。すなわち、コミュニケーションが生起する場を取り囲むコンテクスト（文化的背景や状況など）およびコミュニケーションに参与している人間のアイデンティティや権力関係などを視野に入れない限り、コミュニケーションは理解できない。

そのため、コミュニケーションに関する研究の対象は、言語と非言語、文化と社会、人間と環境など、射程がきわめて広い。

2　異文化コミュニケーション

異文化コミュニケーションは、異なる文化をつなぐコミュニケーションである。

文化とコミュニケーションの多義性を考えれば、異文化コミュニケーションとは、あらゆる「他者との関係構築」「異質性との相互行為」を包摂する実に幅広い概念である。

他者としての自然

「他者」には「自然環境」も含まれる。人間は自然環境に囲まれて生きており、それは、「環境文学」と呼ばれるジャンルにとどまらず、映画やドラマでも表象されている[注1]。

韓国ドラマに頻出するのは済州島である。海と山に

恵まれ自然が美しい。癒されるというだけでなく、再生や再出発の象徴として使われている。済州島で再起をめざす女性を描いた『こころに陽があたるまで Warm and Cozy』では、済州島の言葉で「温かく心地良い」を意味する「メンドロントット」が、舞台になるレストランの店名に使われ、原タイトルにもなっている。

ドラマ『よくおごってくれる綺麗なお姉さん』の英語タイトルは『Something in the Rain』である。「雨」が物語に欠かせないドラマは多く、『Secret Garden』で、男女の魂が入れ替わるきっかけは雨である。1964年のフランス映画 *Les Parapluies de Cherbourg*「シェルブールの雨傘」[注2]は、「雨と傘」がモチーフであるが、『Something in the Rain』も「雨と傘」が物語に欠かせない。

これほど身近な自然でありながら、これまで人間は自分たちを中心に据えて環境を制御しようとしてきた。しかし、そのような人間中心主義にもとづく自然科学的手法のみで環境問題が解決しないことは、すでに明らかである。だからこそ、国連の SDGs（Sustainable Development Goals「持続可能な開発目標」）活動にみられるように、自然環境と調和をはかりながら人類の持続可能な未来を創出しようとしている[注3]。これが環境コミュニケーションの理念である。

自分自身との対話

また、広義のコミュニケーションは会話だけを指しているわけではない。

「読む」ことも、著者と読者の対話でありコミュニケーションだと解釈できる。異言語での作品を読むことや翻訳は、異文化コミュニケーションそのものである。

さらに、コミュニケーションには、自分自身との対話も含まれる。内面化された思考のための「内言」は、他人との意思疎通を図るための「外言」と異なり、発声を伴わず、自己の行動を調整する機能を持つ。そのような対話の一面を、解離性同一性障害を通して見せた韓国ドラマが2015年に2本公開された。『Kill Me, Heal Me』では6つの別人格が現れる。『ジキルとハイドに恋した私』では、冷徹な経営者と、正反対に温かく明朗闊達なウエブ漫画家、しかもその2人が時折入れ替わり別人格のふりをする。このドラマでは、2つの人格が1人の人間の心のなかでやりとりする内なる対話を、パソコンを通しての対話として映像化した。

異文化コミュニケーション研究の軌跡

異なる文化間におけるコミュニケーションの研究は、第二次世界大戦後の米国で始まった。多額の対外援助にもかかわらずアメリカ人が疎まれ評価されない原因を探り、自文化中心主義で押しつけがましい態度が相

互理解を妨げ意思疎通を阻害していると考えたホールやコンドン（John Condon）を中心に、異文化コミュニケーション研究が推進された。

日本でこの研究を初めて紹介したのは、ホールの著作を日本語訳した『沈黙のことば』である。訳者代表であった國弘正雄は生前、intercultural communication をどう訳すか、加藤秀俊と考え「異文化間のコミュニケイション」を選んだと語っていた。

2002年に立教大学で独立研究科を開設した際は、英語の inter に「間」の意味が入っていることから、研究科名称に「間」を入れず、「異文化コミュニケーション研究科」と定めた。研究科には「異文化コミュニケーション」「言語コミュニケーション」「通訳翻訳コミュニケーション」「環境コミュニケーション」の4領域を設け、相互の壁をなくして自由に4領域を学べるようなカリキュラムを整え、学位は「異文化コミュニケーション学」とした。

従来の「異文化コミュニケーション」の枠組みを大きく拡張し、理論と実践を往還することで「行動する研究者」育成を目指した研究科の内容については、創立10周年記念『異文化コミュニケーション学への招待』に詳しい。

幅広い領域

異文化コミュニケーションに含まれる領域は広範に

わたり、かつ細分化されている。科学を一般の人々に理解してもらうための「科学コミュニケーション」、医療者と患者との対面コミュニケーションを中心にした「医療コミュニケーション」、政治にかかわる言説に焦点を当てた「政治コミュニケーション」、組織を対象にした「組織コミュニケーション」、教師と学習者の関係性を含めた教育の場における「授業内コミュニケーション」、放送や映像などの「メディア・コミュニケーション」、経済界が必要とする「ビジネス・コミュニケーション」、言語使用の実際から性差を見る「ジェンダー・コミュニケーション」、「通訳翻訳コミュニケーション」等々がある。

　そのような異文化コミュニケーションを研究する学問分野には、文化人類学、言語人類学、言語哲学、言語学、語用論、社会学、社会言語学、心理学、心理言語学、コミュニケーション論など多様な領域がある。それらをすべて網羅するわけにはいかないので、本書で取り上げるのは、その一端であるが、「異文化コミュニケーション」の広さと深さの例示を試みる。

▌3　コミュニケーションをめぐる研究

言語コミュニケーション

　「異文化コミュニケーション」を学問として牽引したホールは、*The Silent Language* において、Culture is communication.（文化とはコミュニケーション）で

あると定義づけるとともに、非言語コミュニケーション（non-verbal communication）の重要性も強調した。

さらに *Beyond Culture* では、コミュニケーション行為のありようが、高コンテクスト文化（high-context culture）と低コンテクスト文化（low-context culture）で異なることを検証。歴史や文化などのコンテクストを共有する度合の高い文化では言語で表現するより状況から読みとることが多いが、移民国家など多様な文化的背景を持つ人々が共存している社会ではコンテクストを共有する度合が低いので、言語を駆使しないと相互理解に至らないことを示した。

言語コミュニケーション（verbal communication）については、多くの学説が存在する。そのいくつかを紹介してみたい。

相互行為と話し手の意図

言葉が人間の行為に与える力に着目したオースティン（John L. Austin）の「言語行為論」では、人が言語を使って何かをすることを「言語行為」として解釈し、相手に行為として受け取らせる力（発語内の力 illocutionary force）があると考える。

ガンパーツ（John J. Gumperz）は、コミュニケーションを「相互行為」（interaction）ととらえた。そして、「コミュニケーションとは、2人もしくはそれ以上の個人が相互に努力して成立させる社会的活動」である

と定義し、「話し手と聞き手が入れ替わりながら、相手の言うことに言語で答えたり、非言語で反応する」「聞き手は、話し手の言葉の文字通りの意味ではなく、話し手が何を意図（intent, intention）しているかに対して応える」と説明した。

「相互行為」としてのコミュニケーションは、日本語では「やりとり」と訳されるが、一般的に使われる場合、話し手の意図をつかむことの重要性を見逃していることが多い。しかし、通訳者が訳出する際に決め手となるのは、話し手が何を意図しているかを推測（infer, inference）することであり、それをどこまで、どのように異言語に訳し、聞き手に伝えるかは、複雑きわまる行為となる。

恋愛ドラマで、並んで歩いている男性に対し、女性が「寒い」と言う場面がよくある。「寒い」という事実を述べているだけのこともあるが、その発話によって相手に何らかの行動をうながしている可能性もある。

「寒い？」と確認し、すぐに彼女の手を自分のポケットに入れる男性は、女性の発話意図を理解していることになる（『雪の女王』）。ただし、これには条件があり、2人が互いに好意を抱いている間柄に限る。

並んで歩いている男性が上司で、部下の女性が「寒いですね」という感想を述べただけなのに、いきなり彼女の手を握って自分のポケットに入れたら、セクハラになる。

逆に、交際相手の女性がある種の意図を持って「寒い」と言っているのに、「僕みたいに厚着しないと」と返す男性は、「寒い」という話し手の言葉を文字通りの意味に受け取っており、女性から「ふつうは上着をかけてくれるものよ」と注意される例がドラマに多い。もっとも、ちょっとした駆け引きで、あえて理解していないふりをする可能性もある。

　『よくおごってくれる綺麗なお姉さん』では、「ふつうは上着を貸してくれる」とむくれた彼女に対し、彼は「僕も寒いから」と返す。女性が「最低だわ」と後ろを向いてしまうと、彼は振り向かせて自分のコートで彼女を包み込み、嬉しそうに「すっぽり収まる」。この発話は、お互いを意識し始めたころから、年上の彼女のことを彼が「小さくてかわいい」と言っていたことが伏線となっている。

　相互行為としてのやりとりは、一見、なんでもない会話のようでありながら、その場の状況や2人の関係性などが絡むので、一筋縄ではいかない。

　2017年「新語・流行語大賞」年間大賞に選ばれた「忖度（そんたく）」は、英訳する際に read between the lines（行間を読む）や guess, surmise（推測する）などが使われるが、日本独特の用語なのでぴったりする英語はないとの解説もある。しかし、「忖度」とは「他人の心をおしはかること。また、おしはかって相手に配慮すること」であり、これは「相手の意図を推測すること」

にほかならない。日本語だけでなく、どの言語においても日常的に誰もが行っている。

「忖度」が日本で問題になったのは、いくら首相が「私は指示していない」と釈明しても、権力関係と利害関係が絡み、常日頃の言動や主張から首相の意図を推測し配慮して行動した官僚がおり、国民の利益を損なった点にある。

「会話の協調原理」

「言外の意味」について分析したグライス(Paul Grice)は、「会話の協調原理」(Cooperative Principle)を提示し、コミュニケーションの目的や流れに見合った発話がなされるような法則を「公理(こうり)」として挙げた。

(1)量の公理：必要とされるだけの情報量のあることを述べよ
(2)質の公理：偽りや根拠のないことを述べるな
(3)関係の公理：関連性のあることを述べよ
(4)様態の公理：曖昧(あいまい)さを避けて、簡潔に順序立てて述べよ

この４つの公理に違反した時に「言外の意味」が生まれると考えたグライスは、これを「会話上の含意」(conversational implicature)と名づけた。

この学説は、文化によっては成立しないという批判

もある。発話量が少なく、沈黙や会話の「間」を尊び、曖昧さを許容する日本語に、「量」と「様態」の公理を使えるかは、興味深いテーマである。

「質の公理」については、『愛の不時着』に例がある。夜になってから非武装地帯を歩き、ジョンヒョクがセリを軍事境界線まで送っていく場面である。

北の前哨地から南との境界線まで往復しても1〜2時間。しかし夜明け近くなってもジョンヒョクは戻ってこない。部下たちは「リ中隊長は、最も夜目がきいて、方向感覚が優れているのに」と首をひねる。セリも、何度も道に迷うジョンヒョクに対し、「リさん、正直に言ったら？　方向音痴でしょ」と言う。ジョンヒョクは「うん、僕は夜目がきかないし方向感覚がない」と謝る。しかし、ジョンヒョクは夜目がきき方向感覚も優れているので、この発言は「偽りや根拠のないことを述べるな」という質の公理に違反していることになる。そこで読み取れる言外の意味は、「少しでも長くいっしょにいたい」である。

コミュニケーションの6機能

言語学者のヤコブソン（Roman O. Jakobson）は、コミュニケーションを6機能に分類した。

1番目の「表出的機能」は、メッセージの送り手に焦点を当てたものである。驚いて思わず口から出る「きゃっ！」などの感嘆詞、「胸が痛む」など語り手の

心情を表す言葉がある。

　対して2番目の「動能的機能」は聞き手を焦点化しており、「美味しいコーヒーを淹れて」「なぜダメなの?」など、相手に何らかの行為をうながす命令や質問などがある。

　3番目の「交話的機能」は、接触回路に焦点があり、例えば挨拶や相槌などがある。相手の言うことをきちんと聞いていることを示す態度や姿勢などの非言語的要素も含まれるし、会話でいつ、誰が、話をするかの「順番取り」も入る。

　「表出的」「動能的」「交話的」という3つの機能は、いずれも話者と聞き手とのあいだの相互行為にかかわる「相互行為的機能」であり、「何がなされているか」にかかわる「社会指標的機能」である。

　それに比して4番目の「言及指示的機能」は、「何か」について「何か」を語ることなので、言及指示対象が焦点である。

　5番目の「メタ言語的機能」は、言語について説明する解釈コードに焦点を当てている。例えば、「私が言っているのは、そういう意味ではないんです」と説明するなどのメタ語用的機能もあれば、「その単語はこういう意味です」など語彙や文法を説明することや、文法書や辞書などのような意味について説明するメタ意味論的機能も入る。

　6番目の「詩的機能」では、メッセージそのものに

焦点がある。顕著なのは詩や文学作品であるが、広告や歌詞、スローガンなど日常的に多く見られる反復構造も、詩的機能である。

このようなコミュニケーション観を外国語教育に導入すると、初級で必ず教える「これは○○です」という表現は、「言及指示的機能」を扱っており、挨拶の仕方は「交話的機能」である。相手に対する質問方法を学ぶことは「動能的機能」を知ることであり、痛みや驚きの表現は「表出的機能」である。

一時期の英語検定教科書には、Wow! が何度も出てきたので、驚いた時に英語では「ワオ！」と叫ぶのだと中学生が刷り込まれたように思う。「Wow という英語は、いつでも誰にでも使えるわけではありません」など、教師がこの英語について説明することは「メタ言語的機能」に属し、詩を書いたり小説を読んでの学習は「詩的機能」の範疇（はんちゅう）に入る。

ヤコブソンはコミュニケーションの多機能性を示しただけでなく、それぞれが有機的に関連し、話し手と聞き手が入れ替わりコンテクストをシフトさせながら、交互に織りなす「出来事」(event)として、コミュニケーションを考えている[注4]。

SPEAKING

ハイムズ(Dell Hymes)は、「出来事モデル」を言語人類学に取り込み、アメリカ先住民（ネイティブ・ア

メリカン)の調査などで、調査者が自文化中心主義に陥ることなく、調査対象の社会文化におけるコミュニケーションの様相を調査し、記述するための8つの要素を選び、その頭文字を取り SPEAKING と呼ばれる枠組みを提示した。

S (setting/scene)はコミュニケーションが行われる「場面」、P (participant)はコミュニケーションの「参加者」、E (ends)はコミュニケーションの「目的」、A (act sequence)は、コミュニケーションを一連の流れとして考える「行為連鎖」である。K (key)は「調子」で、行われているコミュニケーションが真剣なのか、冗談なのかなどを表す。I (instrumentalities)は、コミュニケーションがどのような「メディア」を通してなされているか、音声言語による会話なのか、手紙など書記言語によるやりとりなのか、音楽なのか映像なのかなどを指す。N (norm)は「規範」であり、人々がどのような規範に基づいてコミュニケーションに参加しているのか、行われているコミュニケーションをどのような規範に基づいて理解し、解釈しているかを問題にする。最後の G (genre)は、コミュニケーションが雑談なのか商談なのか外交交渉なのかなど、どのような「ジャンル」であるかにかかわるものである。

ドラマや映画は、コミュニケーションが行われる「場面」「参加者」「目的」が明らかであり、台詞は一連の流れとして「行為連鎖」になっており、真剣なの

か冗談なのかの「調子」は俳優の演技でわかる。

「メディア」は、会話や手紙に加え、最近は「ソーシャル・メディア」が主体であるのが作品に反映されている。ドラマの設定により、世間話や雑談などのスモール・トーク（small talk）、政治、外交、ビジネスにおける交渉など多様な「ジャンル」が扱われる。

「規範」についても注意深く見ていると、さまざまな場面でコミュニケーションの規範であろうと推察できる台詞や動作がある。

例えば、韓国ドラマでは、年長者に対してためグチを使ってはならず、必ず敬意表現を用いる。『私の名前はキム・サムスン』では、雇用主であるのに、自分より4歳年下というだけで、サムスンは「ためグチを使うな！」と激怒する。社会的地位より年齢が優先されるようである。酒席でも、目上の人物が前に座っている場合は、たとえ自分の親であっても、横を向いて飲む。『梨泰院クラス』には、父親が息子に対して、お酒の注ぎ方、飲み方のマナーを一から教える場面がある。

日常的なコミュニケーション行為が、いわば凝縮されているのが映像作品である。特に連続ドラマは、十数回以上続くので、描写が丹念であり、生のコミュニケーションを学ぶのに最適である。

「参与フレームワーク」

ゴフマン（Erving Goffman）は、「参与フレームワーク」（participation framework）において、人間の「話」（talk）を会話だけに限定せず、演説、講義、漫談、朗読など、広くとらえた。そのうえで「トーク」の参与者に着目し、聞き手や話し手の役割と機能を、それぞれの「立場」との関係から検討した。

「聞き手」は、「話し手」との関係から「正規の聞き手」（ratified participant）と「正規でない聞き手」に分類される。「正規の聞き手」には、「直接に話しかけられている聞き手」（addressed）と「話しかけられていない聞き手」（unaddressed）がいる。「正規でない聞き手」には「盗み聞き」（eavesdropping）と「立ち聞き」（overhearing）、「傍観者」（bystander）もいる。

この分類を通訳者に当てはめてみる。通訳者は、通訳する目的で話を聞くので、「正規の聞き手」である。しかし、話者は、通訳者に向けて発言しているわけではなく、聴衆や対話の相手に向けて話しているので、通訳者は「話しかけられていない聞き手」である。

ところが、時として発言者が通訳者に対し語りかけることがある。医療通訳の場で、「今のお医者さんの話、よくわからなかったんで、もっとわかりやすく説明してもらえませんか」などの例があり得る。そうすると通訳者は、「直接語りかけられる正規の聞き手」という立場に変わる。

話し手の役割

「話し手」についても、コミュニケーションにおける役割が固定されているわけではないと考えたゴフマンは、3種類の機能を挙げた。

まず口を動かして声を出す装置－話す機械(talking machine)としての「発声体」(animator)機能である。

次に、語句や表現を選んで発話を作り上げる「作者」(author)としての役割がある。

最後に、自らの信条など表現された内容に責任を持つ「本人」(principal)の役割である。

自然なコミュニケーションで話をしている人間は、聞き手との関係性に呼応して、この異なる役割を行ったり来たりするとゴフマンは説明し、これを「フッティング」(footing)と呼んだ。

「作者」は通常、「本人」であるが、演説の草稿をスピーチライターが執筆する場合は、「本人」とは別に「作者」が存在する。その演説が代読される場合、代読者は「発声体」であり、「本人」でも「作者」でもない。自分で原稿を準備して講演なり講義などを行う場合は、「本人」「作者」「発声体」の役割をひとりの人間が担っている。

通訳者は、自分以外の誰かの言葉を語るので、単なる「話す機械(トーキングマシン)」だと思われがちである。しかし通訳者は、発話主体としての「本人」ではないものの、訳語は通訳者が選択するので「作者」

である。

　最近は、機械翻訳に音声変換技術を組み合わせた自動通訳機が市販されている。貯蔵されたデータのなかから適切な訳語や訳文を選び出して文字で表示し音声に変えるので、「作者」と「発声体」を兼務していることになる。発話主体である「本人」は、自分の言語で通訳機に話しかける人間である。

聞き手の役割

　聞き手の役割については、『愛の不時着』に具体例がある。かくまっていたセリが何者かに拉致されて行方不明となる。保衛隊に拘束されてしまったジョンヒョク中隊長は、営倉に婚約者のダンを呼び出し問いただす。彼女が、総政治局長であるジョンヒョクの父親に頼んでセリを誘拐させたと確信したジョンヒョクは、中隊の側近に、自分の出自について噂を広めるよう依頼する。セリを拉致したのなら自分の拘束を知ってもセリを始末するまで父は助けてくれないだろうと予測し、総政治局長の息子であることを大佐が知れば、慌てて出所させるだろうと考えたのである。

　依頼を受けた側近４人は、男子トイレで噂話をする。「今まで俺たちを騙していたのか」「中隊長が、総政治局長の息子だとは、まだ信じられない」「息子の勾留を知ったら、総政治局長は黙っていないでしょう」「早く知らせたら？」「中隊長に口外するなと言われた

2「コミュニケーション」とは何か　　67

から、黙ってろ」。ほかの軍人に聞かせるのが目的の会話であるので、トイレ内にいる兵士たちは「直接的に語りかける正規の聞き手」であるはずが、あえて「立ち聞き」「盗み聞き」の立場に置かれている。4人が去ると、兵士たちはトイレから出てきて、すぐに噂話を始める。

玄関から出た側近4人はヒソヒソと話す。「聞こえたでしょうね」「これで噂になるでしょうか?」「半日もすれば、噂は広まる」。

狙いどおり、その日のうちに大佐夫人は井戸端会議で「うちの夫が隊員の話を聞いたそうです」と噂を聞く。帰宅した大佐は、妻からリ・ジョンヒョク大尉が総政治局長の息子であると知らされ、転がるように勾留所長のところへ赴き情報を伝える。勾留所長も青くなり、急ぎジョンヒョクを出所させる。噂の効力である。

「発声体」としての話し手

「話し手」の役割が、「発声体」のみになる例は、『Start-Up』の第3話に登場する。

ベンチャー投資家のハン・ジピョンは高校時代、お世話になったおばあさんから、中学生の孫娘に架空の友だちを作ってやりたいと頼み込まれ、不本意ながら文通していた。文通相手が自分であることを隠したいので、新聞に出ていた数学オリンピック優勝者「ナ

ム・ドサン」を仮名として使う。

　15年後、成長した孫娘ダルミは、会ったことのない昔の文通相手を企業の交流会に引っ張り出したいと考え、ナム・ドサンの行方を突き止める。

　慌てたジピョンは、本物のナム・ドサンに会って事情を話し、パーティで1時間だけ文通相手のふりをするよう依頼する。ところが人工知能開発者のドサンは投資についての専門知識が皆無で、ぼろが出そうになる。ジピョンはドサンを会場の片隅に連れていき、誰も話しかけてこないよう会話を始める。しかし「適当に話を続けて」と言われても、会話が苦手なドサンは何も話せない。仕方なくジピョンは「国歌の歌詞でいい」と指示する。ドサンが「東海の水が乾き、白頭山がすり減るまで」と言うと、ジピョンが「神様に守られ、我が国、万歳」(字幕より)と続ける。いかにも内密の相談をしているように見せながら、実は歌詞を言い合っているだけなので、2人とも単なる「発声体」である。

　文通相手のダルミにドサンが会うのは1回だけで終わるはずだったが、2人が意気投合するという想定外の事態になる。2人が再び会うことを阻止したいジピョンは、「とにかく、もう終わりです。彼女に連絡しないで」とドサンに命じる。するとドサンは携帯電話を見ながら「はい。でも、彼女から連絡が来たら？」。ジピョン「来たのか？」。ドサン「はい。母を除いて、

女性から初めてメールが来ました」。ジピョンは「内容は？」とメールを見る。

「会えてよかった。迷惑をかけたわね。いつかお礼をしたい。食べたいものや欲しいものは？」というメールに、ドサンが「食べたいものはチキン。欲しいものは USB」と返信しかけると、ジピョンは「削除して！　今から僕が話すことを打って。『礼は要らない。言葉だけで十分です。いい夢を見て』」。

それでも、2人が会うことは避けられなくなり、ジピョンは、言語コミュニケーション能力に欠けるドサンにイヤホンを装着させ、適切な受け答えができるよう言うべきことをいちいち指示する。ドサンは「トーキングマシン」（発声体）に徹し、ジピョンが「作者」と「本人」の役割を担ったのである。

これは『シラノ・ド・ベルジュラック』を彷彿とさせる。エドモン・ロスタン作の戯曲で、17世紀のフランスに実在した劇作家をモデルにしている。シラノは詩人で、理学者であり剣客。豊かな才能を持った武勇者だが、生まれついての醜い鼻ゆえに、従妹のロクサーヌへの恋心を胸の奥に隠している。ロクサーヌはシラノと同じ青年隊の精鋭で美男子のクリスチャンを想い、シラノに恋の相談をもちかける。クリスチャンもまたロクサーヌに想いを寄せており、シラノは、口下手で文才のないクリスチャンに代わり、ロクサーヌへの自分の想いを重ね合わせて、恋文を代筆する。

ジピョンは手紙を代筆したシラノのように才能豊か
だが、シラノと違いイケメンである。名前を使われた
ドサンは、口下手で文才がないところまでクリスチャ
ンそっくりだが、クリスチャンと違い、「発声体」だ
けでなく、会話の途中でフッティング(立場)を「作
者」や「本人」にシフトすることがある。その度合は
ダルミへの想いが深まるにつれて増えていき、「あり
のままの自分」を見てほしいと願った時に「トーキン
グマシン」から脱し、3つの役割を主体的に担い、自
分の言葉で語るようになる。

4 「コミュニケーション能力」

言語の社会的規則

　「コミュニケーション能力」(communicative compe-
tence)とは、言語の社会的／機能的な規則を知り、コ
ミュニケーションを行う構成員として社会に参加する
能力を指して、ハイムズが使ったものである。

　ハイムズの「コミュニケーション能力」は母語にお
けるコミュニケーションを指しており、外国語を念頭
に置いていたわけではないが、外国語教育研究に大き
な変革をもたらした。コミュニケーションという視点
からの外国語教授法への模索が始まり、コミュニケー
ションが起こる日常的な場面や、挨拶・招待・断りな
どの機能に着目した指導法が考案されるに至った。

　やがて、外国語教育でコミュニケーション能力をど

う評価するかの研究が生まれた。簡略でわかりやすい
「コミュニケーション能力の4要素」(Canale, 1983)は、
1989年告示の学習指導要領にも影響を与えた。

(1)文法能力＝文法、構文、語彙、音韻などの言語
　　知識
(2)ディスコース(談話)能力＝一貫性と結束性を持
　　って論理的に書き、話す力
(3)社会言語能力＝社会で言語がどう使われるか暗
　　黙の規則を知り適切に使える能力
(4)方略能力＝コミュニケーションを円滑に進め、
　　失敗を修復するなど対応する能力

　より精緻な理論モデルとしては、テスト評価を目
的にコミュニケーション能力を分析したバックマン
(Lyle F.Bachman)の説明がある。コミュニケーション
言語能力を、(1)「知識構造」と、(2)「言語能力」に大
別している。
　「言語能力」の構成要素としては、「構造的能力」(文
法的能力、テクスト的能力)および「語用的能力」が
並ぶ。その下位にある「社会言語能力」には、「文化
的な言及と言葉のあや」が含まれる。「状況コンテク
スト」も取り上げているが、異文化コミュニケーショ
ンにおいて避けて通れない「文化コンテスクト」は入
っていない。

異文化コミュニケーション能力

「コミュニケーション能力」だけでは、異文化間の相互理解には十分でないという考えから、最近は「異文化コミュニケーション能力」についての研究が活発である。その中心となっている欧州評議会では、次の要素を「異文化コミュニケーション能力」として挙げている[注5]。

(1) 存在（savoir-être, being）
　　自文化中心主義に陥ることなく文化的差異を理解し対応する能力
(2) 学習（savoir-apprendre, learning）
　　他者がどのように暮らし、考え、感じ、コミュニケーションするかを学ぶ能力
(3) 知識（savoirs, knowing）
　　その文化出身者によく知られているであろう文化の側面、信念、判断の基準に関する知識
(4) 行動（savoir-faire, doing）
　　上記を統合し、やりとりできる能力

　この概念は、欧州評議会が提唱する「複言語・複文化主義」に反映されており、世界の外国語教育を主導している欧州言語共通参照枠（CEFR）の基盤となっている。
　以上、言語哲学、言語学、言語人類学におけるコミ

ュニケーション理論の一部、およびコミュニケーション能力についての定義を中心に紹介した。

これらを知ると、コミュニケーションは単に情報伝達という機械論的な導管モデルでは説明しきれず、状況や文化などのコンテクストが深く関与していること、言葉がコミュニケーションに使われる際には文化が密接に絡むこと、各言語の文法や語彙や言語使用には、文化的要素が内包されていることが理解できる。

本章の後半では、ドラマを参照しながら、異文化コミュニケーションの諸相について考察してみる。

▌5 異文化コミュニケーションの可能性

コミュニケーションへの意欲

『私の名前はキム・サムスン』の主人公サムスンは、パリの料理学校に留学していた。フランス料理店の採用面接で、社長が履歴書を見ながら「大学に行っていない？ 言葉もできないのになぜフランス留学？」と質問する。するとサムスンは「言葉の障壁を超えるものが世の中には3つあります。1つは音楽、2つ目は美術、3つ目は食べ物」と答える。

しかし、実のところ、サムスンのコミュニケーション能力は卓越していて、言葉の障壁を乗り越える力がある。韓国系アメリカ人に話しかける場面では、コリア語もフランス語も通じないため、とうとう苦手な英語で話す羽目になる。

サムスンの英語の語彙は乏しく、発音は下手、文法はめちゃくちゃ。頭のなかで必死に単語を探し、片言の英語で懸命に話す。四苦八苦しながら、「今日は英語がすらすら出てくるぞ」と独白するサムスンの神経の太さを見ると、話したい内容を持っていることと並び、めげずに話そうとする意欲こそが、外国語でのコミュニケーションを成功させるのだと改めて認識する。

　Willingness to Communicate (WTC) は、個人の第二言語でのコミュニケーション行動を理解するための説明モデルである。前提として、「他者と対話する意思」の涵養を第二言語学習の目標の1つとしている。ここでの「第二言語」は、(日本における英語のような、第二言語として日常的に使うわけではない)「外国語」も含めて考えてよいであろう。

　willingness は、will (意志) と異なり、「自発的に自ら進んで何かをすること」を意味するので、本書では「意欲」を訳語として用いる。

　WTC は、社会的状況に影響を受ける要因と、性格や自信など個人的要素とが複雑に絡み合って異言語使用を左右することを、6層に分けて説明している。

　第1層は、最終目的の「第二言語の使用」である。

　第2層が、ある状況で母語以外の言語を使って自発的にコミュニケーションを取ろうとする意欲である。

　第3層には、「特定の相手とコミュニケーションをしたいと思うかどうか」「その場でどの程度、その言

語でのコミュニケーションに自信を持てるか」の判断
基準が入る。

第4層には、仕事上の必要性など「特定の相手と接
触する動機」「文化や民族など異なる集団との接触動
機の強さ」が含まれる。

第5層に、「コミュニケーション能力」が挙げられ
ている。「性格」(personality)や「集団間の関係」は第
6層に置かれている。

意欲喚起と動機づけ

このように入り組んだ要因を考えると、「コミュニ
ケーションへの意欲」を喚起するのは容易ではないこ
とが判明する。外国語を使うことの不安だけでなく、
コミュニケーション行為そのものについての不安など
心理的要因もあれば、そもそも外国語でコミュニケー
ションをとるための動機づけが必要である。しかし、
動機づけ(motivation)も、成功への期待、自己効力感
(self-efficacy)、内発的動機と外発的動機などが関係し、
単純明快な正解も処方箋もない。

『ジキルとハイドに恋した私』では、幼いころに誘
拐された恐怖から心を閉ざし、冷徹な人間となった若
き経営者が、トラウマを克服した際に「今、一番習い
たいのは言葉、話すことです。僕は言葉を惜しむし、
人の話を聞かない。だから人の感情も理解せず、共感
もできない」と主治医に語る。そして彼は、『私の知

らない私へ』という本を読み、「コミュニケーションのとりかた」とは、「相手を知り、自分を知ってもらう」「自分の変化を相手に伝える」ことであるのを学ぶ。

　対照的に、ドラマのキム・サムスンは、母語でもコミュニケーション能力が高い。言いたいことは恐れず主張する。社長に対してさえ、身勝手で高圧的な態度をとられると「親が金持ちというだけで苦労したことがない世間知らずの非常識」と罵倒する。「自分は健康なだけが取り柄で、若くないし、顔も十人並みで、太め」と自覚しており、自信があるようには見えない。しかし、何が大切で何が間違っているかという価値判断がぶれない芯があり、「自分はやればできる」という自己効力感がある。これらが、「コミュニケーションへの意欲」を支えているように感じられる。

　ジノンと恋仲になったサムスンは、「愛してるって、言って」と迫るのだが、ジノンは「言う必要ある？愛してるって誰にも言ったことないから言えない。心で想っていればいいじゃないか」と譲らない。サムスンは「いくら心で想っていても、言わなければ相手に通じない」。仕方なく小さな声で「アイシテル」とつぶやくジノンにサムスンは、「声が小さい」「もっと大きく」「大きな声でもう一度」と、英語の授業をしている教師さながらに指導する。そして、「褒め言葉と愛の言葉は何度でも言わなきゃ。恋人だけでなく家族

2「コミュニケーション」とは何か　77

や友人など大切な人には何度でも言うの。心のなかにある真実を、愛を込めて言わなきゃだめ」と説く。

コミュニケーションの極意を伝授する言葉である。

6 言語、文化、複言語能力

言語と文化は不可分

1章で紹介した「複言語・複文化主義」は、多くの場合、単に「複言語主義」と呼ばれる。欧州評議会による独特な用語である。

言語と文化の関係について CEFR（2001年版）では、「複文化能力」と「複言語能力」が合致しない場合もあると述べ、文化をよく理解していなくても、その共同体で使われている言語ができることもあるし、逆もあると例を挙げている。

しかし CEFR「増補版」（2018年）では、その記述をふまえながら、「複文化能力」は通常、「複言語能力」と手を携えているので、「複文化能力」だけを取り出して言語と別に分けて考えることはしない、「複言語能力」と言う際には「複文化能力」が含まれる、としている。出版社を舞台にした韓国ドラマ『ロマンスは別冊付録』に、文化と言語が不可分であるのを示す事例がある。夜空に輝く月を眺めながら、若い作家が「月がきれいだね」と隣に座っている女性にささやく。その後、「夏目漱石いわく、『月がきれいですね』は『愛してます』と同義だ」との説明を加える。英語の

I love you. を「私はあなたを愛しています」と訳して
も日本の言語文化ではしっくりこない、とコリア語で
解説する。

　「複言語主義」がめざすのは、母語以外に２つの言
語を学ぶことで、多様な言語体験が相互に関連して新
たなコミュニケーション能力を育てることである。

　小倉紀蔵・京都大学教授は、複言語主義が、母語し
かできない単一言語話者を低く見ることにならないか、
と警鐘を鳴らす[注6]。重要な指摘である。ただ、複言
語主義においては、母語以外であれば、学ぶのはどの
言語でもかまわない。言語の価値は話者数の多さで決
まるわけではないので、国内の少数言語でもよい。つ
まり「他者」の言語と文化を学ぶことにより、個々人
が豊かなコミュニケーション能力を培うことで、相互
理解が可能になり、究極的には平和が守られる、とい
う思想である。

　「母語」以外に、２つの言語を学ぶとなると、日本
の場合は、多くの日本人が母語としている日本語、学
校教育で事実上の必修になっている英語に加えて、も
うひとつの言語を学ぶことになる。その「もうひとつ
の言語」は、外国語だけとは限らず、アイヌ語、琉球
語など国内の少数言語や各地の方言、つまり自分にと
って「異質」な言語であればよい。

　「他者」のことばを学ぶことで、新たな「異文化へ
の窓」を獲得することになり、異文化コミュニケーシ

ョン能力が育つだけでなく、視野が広がり、複眼的な思考が可能になる。

言語横断

『愛の不時着』には、複数の言語が出てくる。韓国のドラマなので韓国語が主だが、北朝鮮も舞台にしているので朝鮮語も登場する。ほかに、わずかではあるが中国の瀋陽（しんよう）が出てくるし、ユン・セリがいきなり中国語に切り替えて、胡散臭い輩を圧倒する場面がある。

1つの言語から別の言語に切り替えて使うことを、専門用語では「コード・スイッチング」(code switching)と呼ぶ。1つの言語に他の言語を混ぜて使うことは「コード・ミクシング」(code mixing)である。『愛の不時着』では、ジョンヒョクの婚約者ダンの母親が、コリア語に英語を混ぜたり切り替えたりして多用する。

最新の外国語教授法「内容と言語統合学習」(CLIL = Content and Language Integrated Learning)では、複数の言語を行き来することを translanguaging（言語横断）と呼び、むしろ肯定的にとらえている。

複言語の韓国ドラマ

さらに『愛の不時着』で欠かせないスイスは、ドイツ語・フランス語・イタリア語・ロマンシュ語の4つを公用語としている多言語国家で、ドラマでは英語以外にドイツ語が使われている。留学中だったジョンヒ

ョクは、ピアノ演奏会で満場の喝采を浴びた直後、兄の死を知らされる。訃報は音楽院の教員からドイツ語で伝えられる。帰国することを余儀なくされたジョンヒョクは、運搬のため湖畔に置かれた自分のピアノを見ながら、今後は兄の代わりに自分が父親の後を継いで軍人になり、ピアニストの夢は諦めるしかないと覚悟している。そこへ幼い女の子がやってきて、ドイツ語で話しかける。「あのピアノ、おじさんの？」「うん」「何か弾いて」。その子のリクエストに応え、その場でジョンヒョクが最初で最後の演奏をするのが、兄のために自分が作った曲である。

他方、家族のなかで居場所がなく、孤独のあまり死にたいと思い詰めたセリはスイスに渡り、安楽死のための団体に相談する。応対したカウンセラーは英語を使い、セリも英語で自分の不眠症と鬱状態を説明する。同じころ、婚約者のジョンヒョクに会おうとダンもスイスを訪れ、2人でジーグリスヴィル橋に来る。いっしょの写真を撮ろうと言われたジョンヒョクは、橋から身投げ寸前でいた女性に、"Could you take a picture of us?" と英語で頼む。どこの出身かわからないので、とりあえず国際共通語である英語を使ったのであろう。橋から飛び降りるきっかけを失ったセリは、へたり込んで震えながらカメラを受け取り、ジョンヒョクとダンの並ぶ姿をファインダーから覗く。2人が北朝鮮出身とは知らず、コリア語でジョンヒョクにつ

いて「彼女には惜しい」とつぶやく。しかし彼にカメラを返す際には、英語に切り替え「お似合いですね」(You look great together.)と社交辞令を言って立ち去る。

　同じ朝鮮半島でも南と北では、発音や語彙がかなり違うようである。ジョンヒョクを演じたヒョンビンは、映画『Confidential／共助』で北朝鮮の刑事を演じた際に朝鮮語の特訓を受けているが、再度、2か月半かけて指導を受け『愛の不時着』の撮影に臨んだという。特に、北朝鮮の軍人らしく話すことに苦労した、とインタビューで語っている。

　軍事境界線近くの舎宅村の子どもたちは、セリのことを「南の言葉を話すお姉さん」と呼ぶ。村の女性たちとは、単語や言葉の使い方が異なり、コミュニケーションがうまくいかない場面も多々出てくる。

　それでも北の人々は、南の言葉に関心があるようで、銃撃されたジョンヒョクが入院した病院の患者は、K-POPの人気グループBTSのファンで、韓国語を独習しソウルの流行語も知っている。セリの南なまりを羨ましがり勉強法を聞き、さらに意欲的になる。

　物語で重要な役割を果たすク・スンジュンは、韓国で詐欺を働き、北朝鮮に潜伏中である。英国の外交官と偽り、警備員に話しかけられると英語で答えて煙に巻く。逃亡あっせん業者に「北の言葉が上手だ」と褒められ、「詐欺師だからね。北朝鮮の方言も済州島の

方言も話せる」と自慢する。しかし、親しくなったダンには母語で思いを伝えたかったのか、「北のなまり、もうやめた」と言い出し、急に韓国語に切り替える。

　複数の言語が登場するドラマは、ほかにもある。2021年の人気作『Vincenzo』は、韓国系イタリア人のマフィア弁護士が主人公で、イタリア語が多出し、オペラも流れる。『未生（ミセン）』は舞台が総合商社なので、英語のほかにドイツ語やロシア語、中国語などが飛び交う。先輩が新入社員に対し、ドイツ語の発音を直し文法の誤りを指摘する場面があるが、その新入社員は独文科卒で、先輩のほうが間違っていて恥をかく。

　『キム秘書はいったい、なぜ？』では、企業経営者イ・ヨンジュンが日本語を含め5か国語を話し、パリでの商談でフランス語、スペイン大使主催のパーティでスペイン語が登場する。日本語の電話に対応できなかった新米秘書に学習書を渡して勉強するよう指示し、自ら日本語で話しかけ成果を試す。

　そんなヨンジュンが苦手なのは、謝罪である。誰にも詫びたことがなく、どうやって謝ったらよいかわからず友人に相談する。「ゴメンと言えばいい」と言われると、「スペイン語では、どう言うか知ってる？ Lo siento. だ。言ってみろ」。相手が「ロ、ロ、ロ……」としか言えないでいると「初めての言葉は言えないだろ？　俺にとっては、『ゴメン』がそれだ」。

　日韓併合に向かいつつある動乱の時代を描いた

『Mr. Sunshine』は、コリア語・日本語・英語が入り乱れる３言語のドラマである。

　『太陽の末裔』は、紛争地域に派遣された特殊司令部隊と医療チームの物語なので、英語と現地の言葉が頻出する。地震で崩壊した村で、脚に大けがをした女性の治療をするため、若い医師はまず麻酔を注射しようとするが、女性は拒否する。医師は英語で、麻酔が必要なことを説明するが、通じない。すると女性は胎児が写ったエコー写真を見せる。「赤ちゃんに悪い影響があるから麻酔はしないで」と訴えているらしい。医師は現地語を解さないのだが、ソウルに身重の妻がいるので、胎児の映像に胸を衝かれる。そして「麻酔をしないと激痛になるけど我慢してください」と英語で語りかけ、悲痛な思いで手術する。

『失われた時を求めて』にみる詩的機能

　『私の名前はキム・サムスン』は、英語の台詞が多いだけでなく、フランス語も少しだけ登場する。韓国系アメリカ人医師ヘンリーに話しかけたサムスンは、フランス語で自己紹介してから、片言の英語にフランス語を混ぜながら会話を始める。

　テーブルには、紅茶とマドレーヌが置かれている。マドレーヌからプルースト（Marcel Proust）の長編小説『失われた時を求めて』を思い出したサムスンは、フランス語で「*À la Recherche du Temps Perdu*、知っ

ている？」と聞いてみる。ヘンリーは、英語の発音で"Proust?"と聞き返し、「読んだことないけど、*In Search of Lost Time* なら知ってる」と答える。

サムスンは、その小説に madeleines というフランス菓子が出てくると説明する。『失われた時を求めて』の日本語訳では、次のように描写されている。

　　すると突然、想い出が私に立ちあらわれた。その味覚は、マドレーヌの小さなかけらの味で、コンブレーで日曜の朝［中略］、おはようを言いにレオニ叔母の部屋に行くと、叔母はそのマドレーヌを紅茶やシナノキの花のハーブティーに浸して私に出してくれたのである。その後もプチット・マドレーヌを見てはいたが、味わうまではなにも想い出すことがなかった。［中略］記憶のそとに長いあいだ放置されたさまざまな想い出にはなにひとつ生き残るものがなく、すべてが崩れ去り、さまざまな形も──厳格で信心ぶかい襞につつまれながらも、むっちりと官能的な、あの小さな貝殻状のお菓子の形もまた──消え去ったり深い眠りに就いたりして、ふたたび意識にのぼるだけの活力を失っていたのかもしれない。ところが、古い過去からなにひとつ残らず、人々が死に絶え、さまざまなものが破壊されたあとにも、ただひとり、はるかに脆弱なのに生命力にあふれ、はるかに非物質的なのに永続性があり忠実なものと

は、匂いと風味である。それだけは、ほかのものが
すべて廃墟と化したなかでも、[中略]匂いと風味と
いうほとんど感知できない滴にも等しいもののうえ
に、想い出という巨大な建造物を支えてくれるので
ある。

　それが叔母が私に出してくれたシナノキの花のハ
ーブティーに浸けたマドレーヌのかけらの味だとわ
かったとたん[中略]、たちまち叔母の寝室のある、
通りに面した灰色の古い家が芝居の舞台装置のよう
にあらわれ、[中略]村の善良な人たちとそのささや
かな住まいが、教会が、コンブレー全体とその近郊
が、すべて堅固な形をそなえ、町も庭も、私のティ
ーカップからあらわれ出たのである。

　プルーストがマドレーヌを「むっちりと官能的な、
あの小さな貝殻状のお菓子の形」と表現した部分を、
不得手な英語でどう説明するか、サムスンは考えた末、
sexy と訳し、マドレーヌを紅茶に浸して見せて、味
わい方を教える。

　この場面は、フランスで修業したパティシエが知識
を披露しているだけのように見えるが、それ以上に、
「想い出」を語る小道具としてマドレーヌが登場して
いると思われる。

　『私の名前はキム・サムスン』は、30歳女性の本音
がさらけ出されているのが評判となって50％を超え

る驚異的な視聴率をとり、ベテランのキム・ソナを相手に年下の財閥御曹司を好演したヒョンビンが大人気となった。加えて、このドラマを通して流れているのは、過去から今、そして未来をつなぐ「時」である。

理由を告げずアメリカに去ってしまった女性が、恋人との失われた時を埋めようと帰国し、想い出を再生することで過去を取り戻そうとする。

『モモ』の言葉

プルーストの作品を使うのは、ヤコブソンの「コミュニケーション６機能」の６番目である「詩的機能」といえるだろう。同様にこのドラマで使われているが、ドイツの児童文学作家エンデ（Michael Ende）による『モモ』（Momo）である。

ジノンは事故で兄夫婦を失い、自身も重傷を負う。その直後に恋人ヒジンが米国に去って以来、彼は心を閉ざし、笑うことのない「氷の王子」として生きてきた。ジノンの幼い姪ミジュは両親を亡くしてから言葉を発しなくなり、聞いて理解はするけれど、何も言わず、ただ微笑むだけである。

そんなミジュに対し、サムスンは「みんなの話を聞いてあげるのが上手なモモ」の話をして、聞くことは大事なのだと教える。幼い姪はモモが気に入り、『モモ』の本を見つけてほしがり、ジノンは少しずつ読んで聞かせるようになる。

そのうちジノンは、過去の想い出に執着するヒジンと、未来を夢見るサムスンとのあいだを右往左往することになり、心が千々に乱れる。2人の女性が鉢合わせした日は憔悴しきってしまい、珍しく実家に泊まり、姪を寝かしつけながら『モモ』を読み聞かせる。

　モモは、まえをのそのそはってゆくカメについて、長いろうかをすすみました。つきあたりの小さな扉のまえで、カメはとまりました。
　モモがからだをかがめてやっととおれるくらいの、小さなドアです。
　「ツキマシタ」と、カメの甲らに文字が浮かびました。
　モモは腰をかがめて、鼻さきのドアにかかった案内板をながめました。
　「時間・分・秒の博士」[注7]

　「時間の国」にモモが入る場面である。ここで突然、「今日はここまで」と読むのをやめたジノンは、「もっと読んで」という仕草を姪が見せても「疲れちゃったよ」。腕を揉んでくれた姪に、「頭も痛い」。頭を揉んでもらうと、「心も」。
　どこを揉んだらいいのかわからない姪の手を取り、自分の胸に押し当て「ここにあるのが心」。そして胸をさすってくれるミジュに、「叔父さんみたいな男に

出会うなよ」と話しかける。

　その後、ジノンは悩み抜いた末、ヒジンに別れを告げる。彼の頬にあるホクロをヒジンが覚えていなかったことを例に挙げ、「知っていたことでも、３年で忘れてしまった。君が忘れてしまううちに、僕も変わってしまった。終わりにしよう……」。時が経つと、人は変わり、心も変わることを理由にしたのである。

　ヒジンをずっと見守ってきた主治医のヘンリーは、「みんな前に進んでいるのに、君は過去にはまっているように見える。壊れて動かなくなった時計みたいだ」(Everybody else is moving forward. You seem to be stuck in the past. Like a frozen clock.)と諭（さと）す。

　『私の名前はキム・サムスン』で扱われている「時」は、コミュニケーションを超えた哲学の命題である。高麗時代の過去と現代を往復するドラマ『トッケビ』の世界、あるいは「時計」を小道具に記憶や追憶を表象した韓国映画『Late Autumn 晩秋』に通じる。『Run On』では、常に前を向いて走る陸上選手と、映像作品を通して過去を見る字幕翻訳者との対比が際立っていた。

時間は語る

　異文化コミュニケーションとしてホールが指摘した「時間」の問題は、ドラマ Emily in Paris に見てとれる。米国のマーケティング会社に勤めているエミリー

が、パリの会社に出向する物語である。舞台がパリなので、フランス語が頻出し、フランス語字幕も出る。さらに SNS が隠れた主役なので、#EmilyinParis とハッシュタグをつけた投稿が次々と画面に現れる。主たるテーマは英語文化とフランス語文化の衝突である。

まずは「時間」をめぐる価値観の相違が描かれる。エミリーはパリに到着してすぐ会社に顔を出し、仕事の打ち合わせをしようと試みるが、何を急いでいるの？ という空気で誰ものってこない。強引に会議を開催しても、集まった社員たちは、無反応、無表情。ソーシャル・メディア担当者の席へ行き「SNS についてお互いの考えを共有しましょう」と話しかけても、相手は「はあ？」という表情になり、「英語、わかりません」を口実に席を立ってしまう。

最初の出勤日、始業時間に合わせて会社へ行くが、玄関は閉まっている。だいぶ待って、ようやくやってきた社員に「今日は、会社は休みなんですか？」と聞くと、彼は平然と「明日から、もっとゆっくり来なさい」。

それでも時間の流れがアメリカとは異なることに気づかないエミリーは、どうしても会社でせかせか動き回り、頑張って仕事を片付けようとする。すると年配の社員から、「アメリカ人って、仕事するために生きている。われわれは、生きるために働く」と揶揄される。「でも、仕事はやりがいがあるので、私は楽しい

です」とエミリーが達成感を強調すると、「働くこと
が楽しい!?　幸せがどういうことかわかってないんだ
ね」。

　そこまで言われても、アメリカ式が染み込んでいる
エミリーは、初めて出席したパーティで、張り切って
マーケティングの重要性をまくしたて、周囲の人たち
が呆れて引いているのに気づかない。とうとう上司か
ら「パーティで仕事の話をするなんて。会議じゃない
のよ！」とどやされる。

　仕事で失敗したエミリーに腹をたてた上司から「も
うあなたは今日でクビよ。出て行きなさい」と通告さ
れ、慌てて同僚たちに知らせると、彼らはまったく驚
かず「この国は書類が通るまで、ものすごく時間がか
かるから、慌てなくていいよ。目立たないように時々
来てれば、そのうちほとぼりが冷めるだろ」。半ば安
堵しながらも、エミリーは時間の感覚の違いに信じら
れない面持ちになる。

　暮らしているアパートでシャワーが壊れてしまい修
理業者に来てもらうが、フランス語なので何を説明し
ているのかわからない。下の階に住んでいて親しくな
ったシェフに通訳を頼むと、何やらフランス語で話し
ているうちに、２人で座りこみ、サンドイッチを分け
合って食べながら喋っている。業者が帰ってから「何
を話してたの？」と尋ねると、「部品がないから、し
ばらく時間がかかるって」。

言語の距離と文化の距離

　下の階の住人と親しくなったのは、ヨーロッパでは
アメリカの１階にあたる階を ground floor と呼び、２
階が first floor になることをつい忘れ、いつも間違え
て４階の部屋を開けようとしたことが契機であった。

　英語とフランス語は、ルーツが同じラテン語なので、
言語間の距離が非常に近い。日本語と英語との距離を
考えたら、日本人が英語を学ぶのに比べ、英語母語話
者がフランス語を習得するのは、はるかに楽なはずで
ある。

　しかし、言語の距離が近いことが裏目に出ることも
ある。フランス語がそのまま英語になっている単語も
多く発音が違うくらいなのが、かえって落とし穴にな
り、英語の単語をフランス語風に発音して使ってみた
ら、とんでもない意味になり大恥をかいたりする。パ
ンを買いに行き、「チョコレートパンを１つください」
と注文するつもりで"une pain de chocolat"と言うと、
売り場のおばさんに"un pain"と男性名詞に直される。

　近い間柄なので、文化的差異への警戒心が薄れるが、
現実には先に紹介したとおり、時間の感覚が相当に違
うし、仕事の仕方、同僚や上司への接し方などにも隔
たりがある。何より、フランス語話者が、かつては国
際的な共通語であったフランス語に強い誇りを抱いて
いることや、世界を支配しているかのように振る舞う
アメリカへの敵愾心が強いことを知らないまま、いわ

ば無防備で飛び込んだエミリーは苦労する。

　会社では、挨拶で訪れた時から、フランス語を話せないエミリーに誰もが不快感を露わにする。英語で自己紹介しても「わかりません」。仕方なく、"I'm going to be working in this office." とスマートフォンに話しかけ、自動通訳機能で Je vais travailler dans ce bureau. とフランス語に訳して対話を試みるが、冷たい視線が返ってくるのみ。

　"Bon jour!" とやってきた上司は、フランス語で何やらまくしたてるが、エミリーは何も理解できない。すると彼女は、いきなり流暢な英語に切り替える。ホッとしたエミリーが英語で挨拶すると、「フランス語ができないのは、本当に残念なことね。問題だわ」。エミリーが急いで "Je parle un peu français already."（すでに、少しはフランス語、話せます）と、英単語 already を混ぜ、アメリカ英語なまりのフランス語で応じても、"Perhaps you'd better not try."（やめておいたほうがよさそうね）と英語で水をかけられてしまう。

　親しくなった同僚に「パリに来てフランス語を話さないのは、傲慢だ」と批判されたエミリーは、"More ignorant than arrogant."（傲慢というより、無知なのよ）と答える。しかし相手に、"Let's call it arrogance of ignorance."（傲慢な無知というところだね）といなされてしまう。

7 非言語コミュニケーション

身ぶりや表情

「非言語コミュニケーション」とは、言語ではなく、身振りや動作、表情などで意思を伝えるコミュニケーションを指す。よく、言葉が通じなくてもジェスチャーを使えば何とかなると言われる。確かに、身振りが意思疎通を助けることもある。

しかしジェスチャーは、言語コミュニケーションと同じように、文化によって意味が異なる。異文化での身振りが自分の文化にない場合は、まったくコミュニケーションが成立しない。同じジェスチャーでも文化によって意味が異なる場合は、誤解が生まれる可能性が大である。

一般的に、首を縦に振る頷きは「承諾」の意味、横に振るのは「拒否」であるとされるが、正反対の文化もある。日本からの駐在員の経験では、現地の部下が首を横にふるたびに、「わかりました」という意味であると頭では理解していても、つい自分の指示が拒否されたと感じてしまい、これは最後まで直らなかったと語る。

目を見て話すことが大切な文化がある一方で、目上の人と話す際に目を合わせるのは失礼になる文化がある。英語圏の学校に通うアジア系やアフリカ系の生徒が、先生という目上の存在に対し、あえて視線を外す

ことがあるが、英語圏の教師は、目をそらすのは嘘をついているか反抗しているからだと解釈し、印象が悪くなる、という研究結果もある。

声色や語調

　非言語コミュニケーションには、ジェスチャー以外の要素もある。人間が他人と会って相手を判断するのは表情や声色、語調が主で、何を話したかの内容より、どう語られたかが判断を左右する、ともされる。

　リンカーン（Abraham Lincoln）は、勝つ見込みがまったくないのに共和党候補として立候補し、大方の予想を裏切って第16代アメリカ合衆国大統領になった。その背景には、政治的手腕もさることながら、彼の語りにはユーモアがあり、やさしさや思いやり、配慮や誠実さがにじみ出ていたからだと、歴史家グッドウィン（Doris K. Goodwin）が指摘している。

　1960年のアメリカ大統領選挙では、初めて候補者同士によるテレビ討論が生中継された。討論前はニクソン（Richard M. Nixon）副大統領の支持率が高く、ラジオで議論を聞いていた人々はニクソンが優勢と感じた。しかし、第1回テレビ討論の視聴者8000万人の多くはケネディ（John F. Kennedy）が優勢と感じた。精悍で力強く、カメラを真っすぐに見つめて語るケネディに対し、ニクソンは精彩にかけ、汗をたびたび拭う姿が焦っているような印象を与えたのが敗因とされ

る。その結果、テレビ討論後の支持率が急増したケネディが第35代大統領として就任した。

　体の動きや表情、話し方などが、どのようにコミュニケーションとして使われるかは、ドラマや映画を見るとよくわかる。カメラがしっかりとらえてくれるので、現実の世界より明確に把握できるとさえ言える。特に韓国の作品は、脚本、演出やカメラワークが計算しつくされていることで自然なやりとりを映し出しており、俳優の演技は非言語コミュニケーションの細部まで入念である。

　2011年の韓国映画『愛してる、愛してない』は、原作が井上荒野の『帰れない猫』。不倫をしている妻から別れを切り出された夫は、妻を責めるでもなく怒るでもなく淡々と受け入れる。主演のヒョンビンが得意とするアクションも歌もピアノ演奏もない。外は雨。2人は家のなか。妻の食器をひとつひとつ丁寧に梱包し、コーヒーを淹れ、2人で共にする最後の夕食を作る夫。野菜を切って炒める手元のアップ。玉ねぎを切りながら涙が出てきた夫は洗面所へ行き、水で何度も目を洗い、そのままうつむいて動かない。長髪に隠れて表情は見えない。ひたすら静謐な非言語の映像作品である。

沈　黙
非言語コミュニケーションのひとつの形態として重

要なのは「沈黙」(silence)であろう。沈黙は、単に「音や言葉のない空虚な時間」ではなく、言葉によらないメッセージを伝える[注8]。

　『愛の不時着』では、台詞も音楽もない完全な「沈黙」の画面が2度ほど登場する。最初は、セリが忽然と消え、別れを告げる不可解な電話が一方的に打ち切られた時。銃声の後、音楽が消え、ジョンヒョクは林のなかで呆然と立ちつくす。次に音楽が静かに流れ始めるまで23秒間、沈黙の世界が続く。ジョンヒョクを守ろうとしたセリが銃撃を受けて倒れた時も同様である。23秒ほどまったく音のない画面。雪が舞うなか、ぐったりしたセリを抱きかかえたジョンヒョクは、言葉を失い、天を仰ぐ。沈黙が何よりも雄弁に胸のうちを物語っていた。

　この2つの場面での「沈黙」が伝えるメッセージは普遍的である。しかし、「沈黙」の意味合いは文化によって異なることもある。

　「沈黙は金」と考える日本のような言語文化もあれば、米国の「キイキイ音を立てる車輪が油をさしてもらえる」(The wheel that squeaks gets the oil.)という諺のように、発言しなければ主張や希望は通らない、黙っていては損をする、とする文化もある。むろん、文化的特質だけが要因とは限らず、個人差も大きいし、沈黙が意味を持つ状況コンテクストも考慮に入れる必要はある。

『梨泰院クラス』では、(ナイト)クラブに行ったことのない大人に、女子高校生が振る舞い方を指南する場面がある。クラブはただ踊るだけが目的ではなく、異性を探す場でもあると教え、どう相手を見つけるか、見つけたらどう近寄り、いっしょに踊ってくれるか否かをどう見極めるかなどを、実際の動作で見せながら言葉で説明を補う。非言語コミュニケーションの方法を言語で伝えるという場面であった。

近年のドラマは、携帯電話やスマートフォンでのやりとりが多く登場する。動画付きの電話では背景が写るので慌てて通話場所を変えたり、SNS での投稿が画面に出る作品も珍しくない。

どのドラマでも、携帯電話は手元にあり、着信があるとすぐに出るか、メッセージを返信する。そうなると「電話に出ない」「メッセージを返さない」という行動は、何らかの意味を持つ非言語メッセージとなる。たいていは相手を拒否しているか、無視しているかの表れである。『Secret Garden』のライムはしょっちゅう電話への応答を拒否して電源を切り、サムスンは「浮気している男は、電話に出ないものよ」と皮肉を言う。

空間は語る

非言語メッセージは時間や空間も含む。

ホールは、Time talks.(時間は語る)、Space speaks.

（空間は語る）という表現を用いた。「時間」についてのとらえ方が異なるとコミュニケーションに支障をきたすことは、*Emily in Paris* の事例で説明したとおりである。

「空間」には、誰がどこに座るか、上下関係や親しさの度合が座る位置にどう反映されるかなどが例として挙げられる。電車やバス、車などの乗り物、事務所や飲食店、住居の室内外、階段なども含まれる。

『よくおごってくれる綺麗なお姉さん』では、マンションの玄関ドアとエレベーターの扉が、非言語メッセージを映し出していた。

第1話：米国支社からソウルの本社に戻ったジュニは、姉の親友ジナと3年ぶりに再会し食事を共にした後、ジナを自宅マンションまで送る。ガラスの正面ドアはオートロック。ジナは右手の操作盤に暗証番号を打ち込んで解錠する。扉が開くと「じゃあね」と手を振って中へ入る。ジナが正面にあるエレベーターに向かうと、ジュニはすぐに去る。

第2話：ジュニがジナを送ってくる。暗証番号を入力し扉が開くと、ジナはエレベーターへ向かいながら振り返って手を振る。ジュニは、ジナがエレベーターの中に入るのを確認してから去る。

第3話：雨が降り出し、ジュニは急ぎ買った赤い傘をさしかけてジナを自宅まで送る。ジナはすぐには解錠しようとせず、ジュニはさしてきた赤い傘をプレゼ

ントする。ジナは「ありがとう」と受け取ってから解
錠し、手を振ってドアを通り、振り返ってからエレベ
ーターに乗る。ジュニはその場に立ったままジナを見
送る。

　第5話：食事の席でジュニは、ジナに告白しようと
口を開くが言い出せず、何度も口ごもった挙句、「今
度、おごって」と思ってもいないことを口走ってしま
う。食事を終えて並んで歩きながら、ジュニはジナの
肩を抱こうとするが、タイミングが悪く失敗。カメラ
は虚しい試みを映し、次に背後から、腕のやり場に困
って持て余している後ろ姿をとらえる。言葉にできな
い胸の内を動作が示している。マンションに到着する
とジュニは思わず「着いちゃった……」。ジナは「気
をつけてね」と手を振ってエレベーターに乗り、ドア
が閉まる。ジュニは悄然と去る。

　第7話：手をつないでマンションに戻ってきた2人。
今度はジナが「着いちゃった……」。玄関を解錠し、
いったんは中に入るが、ドアの外に戻ってくる。名残
を惜しんでいるうちにドアは閉まってしまう。再度、
暗証番号を入れ直し、エレベーターに乗る。半身を中
に入れ玄関ドアを開けたまま見送っていたジュニが去
りかけたところで、エレベーターのドアが開く。まだ
ジュニがいるのを見たジナは座り込んで笑う。

　オートロックの玄関とエレベーターという無機質な
装置で、2人の心が近づいていく様子を非言語で巧み

に表現した映像であった。

▌8　科学コミュニケーション

　学問の世界を描いた映画やドラマは多種ある。韓国映画『王の涙──イ・サンの決断』は、史実に基づいた歴史ドラマである。李王朝第22代国王イ・サンは、学問を重視し、社会改革に取り組んだ名君であり、その様子も描かれている。

　以下、学術研究について、科学コミュニケーションという切り口から取り上げてみる。

専門用語をどう説明するか

　近年、科学的な知見を一般社会に理解してもらうことが重要だとの認識から、科学コミュニケーション（science communication）が注目されている。特に新型コロナ感染症が世界中で流行した2019年から20年にかけては、医療や感染症専門家の説明が一般人にはわかりにくいことが浮き彫りになった。日本でも「オーバーシュート」（overshoot）などの専門用語がカタカナで多用され、わかりにくいと問題になった。

　科学コミュニケーションとは、「科学にかかわる情報を、科学者と科学者でない人たち（市民）とがやりとりすること」で、「科学を市民に伝え、市民の科学リテラシーを高める手助けをする」「科学について市民がもつさまざまな思いを知り、科学者自身が社会リテ

ラシーを高める」「科学と社会の望ましい関係について、市民と科学者がともに考えていく」ことをめざす（名古屋大学高等教育研究センター）。

環境教育では、解説をする「インタープリター」が、自然と人との仲介を担っており、科学コミュニケーションの一種といえる。

科学には、自然科学だけでなく人文系も社会学系も入る。どの分野にも専門用語があり、門外漢にはちんぷんかんのことが多い。ドラマ『彼女はキレイだった』では、ファッション用語にカタカナが多く「意味不明」「ハングルを作った世宗大王が嘆いてる。なぜなんでも外来語？　無駄にカッコつけてるだけ」と新入りが嘆く。

同様に、新入社員には貿易用語がまるで「宇宙語」のようでわからない、という話がドラマ『未生』に出てくる。タイトルの「未生」自体が囲碁用語で、「生き石にも死に石にもなっていない不確かな状態」だとの説明がある。このドラマでは、プロ棋士を断念した契約社員が商社での闘いや人生を囲碁になぞらえて語り、囲碁用語が頻出する。

韓国の受験競争を描いた『SKY Castle』には、portfolio（ポートフォリオ　学習記録）という、日本でも最近の大学入試改革で話題となった教育用語が登場する。学力以外に、部活や奉仕活動などの成果を保存し自己評価に活用する趣旨が、入試判定に使われることで歪

められていく実態がわかる。

『ジキルとハイドに恋した私』、『Kill Me, Heal Me』、『サイコだけど大丈夫』では、精神科の用語が字幕で説明される。医学・医療を含む自然科学分野の用語は、多くの人々にとって「宇宙語」の度合が高い。

一般の人たちが科学を正しく理解するためには、専門知識がなくてもわかるように説明を工夫する必要があるが、嚙み砕き過ぎると不正確になりかねない。

加えて、専門家の話が素人にとって難しい原因には、自然科学特有の思考が介在していることもありそうだ。理系ジョークに、大きく美しい花火を見ての感想がある。「今のはマグネシウムが多いな」と言ったら化学系、「音の遅れから発火点は2キロ先」と言ったら物理系、「仰角が30度だから三角関数が使いやすい」と言ったら数学系、のように専門がわかるという（『物理学者のすごい思考法』）。科学者の頭のなかは、専門性で埋め尽くされているのかもしれない。

特に一般人にとって理解が難しい理論物理学は数字を多用する。世の中の現象を数式で記述して、新しい自然法則を創出し、将来の現象を予測する。それを行うための、物理学的思考方法とは「問題の抽出、定義の明確化、論理による演繹、予言」の4つのステップからなる、と前掲書の著者である橋本幸士氏は説く。

「科学の進歩の背後には、科学者独特の思考法が存在している」（前掲書）となれば、問題は専門用語だけ

にはとどまらない。一般社会との溝を埋めるには、どうしたらよいのか。科学コミュニケーションの手がかりをつかむために、ドラマを参考に考えてみたい。

ドラマにみる科学者の思考とことば

科学コミュニケーションの事例は、『Start-Up』に豊富である。ドラマの冒頭では、英語の start-up は「始めること」「新生ベンチャー企業」の意味であると、字幕で説明される。また、ベンチャーや投資、AI（人工知能）関連の専門用語が多いため、そのつど、意味が字幕で示される。

ドラマの主人公は、小学生時代に数学オリンピック金メダルを獲得したナム・ドサン。起業をめざし、大学時代の友人と AI の研究開発を続けている。

研究について説明する場面は第2話で登場する。「投資したのに、成果がない。いったい何をやってるのか説明しろ」と両親が研究の場に押しかけてくる。息子のドサンはまず「AI って、知ってる？」と聞くが、父親は「鳥インフルエンザだな」。ドサンが「そうじゃなくて、人工知能……」と言いかけるが、父は「わかるように言え！」。そこでドサンはコンピューターが画像を認識する仕組みを見せようとするが、父親の顔をカメラでとらえたコンピューターの画面には「トイレ」の文字。再度試みるが、やはり「トイレ」。調べてみると、頭上の蛍光灯が父親を白く映し出して

いるのが原因だと判明し、「プロトタイプのエラーで」と釈明するが、父親は激怒する。

　しかしドサンが開発した画像認識技術は、グローバル企業のコンペで1位となる。これなら投資を受けられると話し合い、仲間の2人は海外の投資家に頼もうと主張し、ドサンだけが韓国投資界の大物ハン・ジピョンを推す。理由を聞かれたドサンは「ハンさんと僕らは〈目的関数〉が同じで、パートナーによい」と答え、ホワイトボードに図を描きながら「2つの神経網の違いが大きいと学習させるのが大変だが、目的関数が同じなら1つの損失関数で済むから、学習が容易になる」と、脳神経を模した人工神経網の数理モデルで説明する。すると仲間が「これだから工学部出身者は嫌われるんだ。『目的が同じなら成果を得やすい』、そう言えば済む話だろ!?」と、からかう。

　そんなドサンも、初対面のダルミから研究内容を問われた際には、「人工神経網の構築」について、「コンピューターをターザンだとしよう」とわかりやすい説明を試みている。「ターザンは無人島で育って女性を見たことがない。ある日、無人島にジェーンがやってきた。彼女は石をもらった時には嫌がったが、花をもらった時は喜んだ」。ダルミが「ターザンは、女性の好みを知らないのね」と合いの手を入れると「ああ、だからいろいろ試すんだ。怒鳴ると嫌がられ、微笑むと喜ばれる。そうして経験を積み重ねながら、ジェー

ンの心をつかんだ」。ダルミは「機械に学習させるの
が、マシン・ラーニングね」。「そう。コンピューター
にデータを与えて、人工神経網を通じて学習させるん
だ」と答えたドサンは、自信なさそうに「つまらない
だろ？」。するとダルミは「いえ、おもしろかった」
と答える。素人が理解しおもしろいと感じたのだから、
ここでの科学コミュニケーションは成功したといえよ
う。

科学の真理と人間の言葉

　しかし、実のところ、数学の天才であるドサンは科
学的事実を重視し、人間のコミュニケーションに欠か
せない言葉のあやや比喩などを受けつけない。これは、
やむをえない面もある。自然科学は真理を探求するの
で、例えば「無限の可能性」などという安易な言葉は
使わない(橋本氏前掲書)。曖昧な意味合いの言葉や、
文化的負荷の高い比喩は避けたほうが無難である。

　ところが世の中で行き交う自然な会話は、社会や文
化に左右され、個人の主観が前景化することで、矛盾
や多義性に満ちている。そこで発生する誤解やちぐは
ぐなおかしさをドサンは体現しており、科学コミュニ
ケーションの抱える問題をあぶり出してくれる。

　例えばジピョンが、事情を説明するため、中学生だ
ったころのダルミの手紙をドサンに読ませる場面があ
る。手紙のひとつには、傘があるのに使わないで雨の

中をさまよったらどうなるか試したことが書かれていた。「雨がやみ、ステキな光景が現れた。大きな虹だ。どんな願いでもかないそうだった。ふと、思った。たまにさまようのも悪くない。たまに地図を持たずに航海に出るのもステキだ」。

これを読んだドサンは、一言、「変わってますね」。ジピョンが「僕は、共感できます」と言うと、ドサンは「なぜ傘があるのに雨にうたれる？　なぜ、さまよう？」と、理解不能だという反応を示し、「なぜ虹に願いごとをするのか理解できない。光の屈折現象なのに」。虹をあくまで科学的な現象としか考えないドサンに呆れ、ジピョンは「会話にならない。国語は苦手？　その手紙のキーワードは、虹ではないでしょう」と言って聞かせるが、読解力に欠けるドサンは逆に「では、キーワードは？」と質問する。

こんなドサンの言語コミュニケーション能力に不安を抱いたジピョンは、文通相手のふりをしている間は「寡黙なイケメンを演じてください」と指導する。それでも心配になり、ダルミを自宅まで送るよう自分の車をドサンに貸した後、タクシーで後をつける。しかし帰るはずの２人は車を降りて川を見ながらお喋りを始める。ダルミは、なぜ文通相手を引っ張り出したのか、理由を聞きたくないのかと問う。ドサンはどう答えてよいかわからず、ジピョンのアドバイスをそのまま繰り返し「僕は、その……寡黙なイケメンだから」。

それでも、自分が打ち込んでいる研究について熱心に聞いて「おもしろかった」と言ってくれた人は初めてだったので、ドサンは嬉しさのあまりダルミに名刺を渡す。さらにジピョンがこっそり見ているとは知らず、昔のダルミの手紙に言及し、「キーワードがわかった！　地図なき航海だ！　地図を持たずに航海に出るのも悪くない。君といっしょなら」と大きな声で独り言をいう。ジピョンはドサンの勝手な行動に怒り心頭に発し、彼を連れて自宅に戻ると、「地図なき航海？　そのために名刺を渡して後先考えずにやらかした!?　地図を持たずに船に乗ったら死んでしまう」と叫ぶ。ドサンから、「この前は『共感できる』と言っていた」と指摘されると、「ただのメタファーだ！」。

メタファー

　「メタファー」[注9]など聞いたこともないドサンが「メタファー？」と思わず聞き返すと、室内に置かれた小型ロボットのスマートスピーカーが、「メタファーは、直喩よりも高度な比喩で……」と説明を始める。メタファーは、「隠喩」「暗喩」とも呼ばれ、明示的ではない比喩を指すことを解説したのである。苛立っていたジピョンが「うるさい！」と怒鳴りつけると、スマートスピーカーは「わかりました」と答えて黙る。

　文通相手としての対面を1回で終わらせるつもりだったジピョンは「どうする気です？　また、会うんで

すか？　千年万年も騙し続ける？」と詰め寄るが、ド
サンは「千年も生きられないので……」。ここでも、
「千年万年」という比喩を理解しないドサンが、「人間
は千年も生きられない」と事実としては当たり前のこ
とを言うところに可笑しさがある。

　しかし、この後、ドサンは「メタファー」について
学習成果を示すようになる。「マシン・ラーニング」
を知っているかを開発研究仲間が問うと、ダルミは
「ロマンのある技術ね」と、ドサンの説明を伝える。
「ターザン!?」と仲間は仰天する。するとドサンは、
「メタファーを知らないのか？　隠喩だ」。ダルミは、
「ターザン」の比喩が気に入り、自動運転開発の試行
車の名前に使った。

　第5話でも「比喩」が出てくる。夜空の星を見上げ
ながらドサンは悩みを打ち明ける。「僕はできのいい
息子じゃなくて、親の期待に応えられず申し訳ない」。
ダルミが「わかる気がする。『月のように輝きたいの
に、自分は小さな星だ』でしょ？」と返すと、「うん。
でも、適切な比喩じゃないな。星は恒星で、月は衛星
だ。星は小さく見えても、月よりものすごく大きい。
質量もエネルギーも」。そう言ってしまってから「だ
から工学部出身者は嫌われる」。しかし、ドサンの言
語使用に慣れてきたダルミは、動じない。「適切な比
喩よ。あなたは確かにあの星のようよ。月よりはるか
に大きい。だから逃げないで。いずれご両親も理解し

てくれるはずよ」。

対話するロボット

　科学コミュニケーションを考える際、AIと人間との対話も避けて通れない課題であろう。

　投資家のジピョンは、漢江を見下ろす高層マンションにひとり暮らし。話し相手は、自然言語処理に長けているスマートスピーカーである。投資する価値を見極めるために使っている。AI搭載のロボット「ヨンシル」は、「メタファー」の意味を教えるだけでなく、「ライトを」と言えば、照明をつけて明るくしてくれるし、「眠れない」とつぶやけば、「悩みがあるのですね」と答えてくれる。「何もかもうまくいかない。ムカムカする。楽しくなる曲を」と命じれば、選曲してくれる。

　ヨンシルは、「今日の天気は？」と聞いているのに、天気予報ではなく今日の運勢を答えることがある。第1話では、「昔の人と会い、そよ風が吹く。そのうち真冬の嵐となり、順調な人生を揺さぶる」と予測する。これは、"At the time the wind began to blow"(*The Wizard of Oz*)の一節であり、このドラマでは重要な展開がある場面の直前に使われている。この反復はコミュニケーションの詩的機能といえる。

　ジピョンは「今日の天気は？」と何度か質問するが、同じ占いを繰り返したヨンシルに立腹し、「的外れの

答えで、使いものにならない」と部下に電話し、投資対象から外すよう指示する。部下は「たまにいい働きをするし、妙な魅力があります」と説得しリストに残したが、最終的には投資が認められなかった。「君を開発した企業を審査で落としたけど怒らないか？」と尋ねると、ヨンシルは「はい、あなたの一番の理解者ですから」と答え、ジピョンは思わず「ありがとう」と答えてしまう。

　「ヨンシル」を画像認識技術と結びつけたのが、視覚障害者のための「ヌンギル」である。ダルミのおばあさんが視力を失うと知ったドサンが開発した。目の不自由な人がスマートフォンを本にかざすと、書かれている文字を認識し、読み上げる。おばあさんは、「ヌンギル」を使って聖書を読み、領収書の数字を読んでもらい計算する。シリコンバレーの大企業にスカウトされてからもドサンは、薬の成分や飲み方などがわかるよう、薬品の表示を音声で知らせる技術開発を追究し、利用者が格段に増えたことで収益も上がり、投資を受けられるようになる。

　スマホをかざすとヨンシルは人間も認識し、目の前に何があるか、どういう人がいるかも教えてくれる。視力のあるうちにとドサンが、おばあさんとダルミを海に連れて行った日。美しい風景を喜んでいたおばあさんは、貝を拾い始める。そして、かがめていた腰を伸ばし、スマホをかざして浜辺を見る。「ヨンシル、

何が見える？」。するとヨンシルは、「若い男女がいます。恋人のようです」と答え、おばあさんは微笑む。

　まるで人間であるかのように振る舞うスマートスピーカーは、カズオ・イシグロが 2021 年に世界で同時発売した *Klara and the Sun*（『クララとお日さま』）のテーマと重なりそうだ。ヒト型ロボットの物語で問われる「心」の存在は、ドラマに登場するスマートスピーカーを巡っての問いでもある。

「自分の夢を追いなさい」

　『Start-Up』では、未来の科学者を育てるためのキーワードも紹介される。中学生になったドサンが、有名な野球選手パク・チャンホに会い、もらったサイン・ボールに書かれていた言葉である。

　パク選手はドサンに対し、「いくつなの？」と問う。すると隣に付き添っていた父親が「中学生なんですが、飛び級して大学 1 年です。数学オリンピックで最年少優勝したんです」と自慢する。

　選手は、ドサン本人に向かい「君の夢は何？」と訊く。ドサンが「友だちと……」と答えかけたところで、父親が「ノーベル賞かフィールズ賞、って言いなさい」と教える。「フィールズ賞、って何？」と聞き返す様子を見ていた選手は、野球ボールに Follow the Dream.（夢を追え）と書いた文字を消し、the を your に変え、Follow Your Dream.（君の夢を追え）と書き直

して渡す。誰かに言われた夢ではなく、「君自身の夢を追いなさい」というメッセージであった。

　この言葉は、その後、若き科学者ドサンを導く道標となった。

科学者を育てる

　社会と学問の世界を架橋する科学コミュニケーションに不可欠なのは、学問を担う科学者の育成である。特に、専門家として学問を究めるだけでなく、たまにはタコツボを出て、広い海で自由に泳ぎまわるような人材を育てるには、どうしたらよいのか。この難問を、韓国ドラマから考察してみたい。科学コミュニケーションの領域を超え、教育にかかわる部分も多くなるので、少々、長くなることをお許し願いたい。

　「数学オリンピック」が心の傷になっている天才数学者の物語は、『Start-Up』のほかに『雪の女王』もある。ハン・テウンは母子家庭で育ち、難関の韓国科学高校に入学する。親友になった同級生は、数学の天才と評判で、「ノーベル賞かフィールズ賞をめざせ」と財閥の父親から叱咤激励されていた。

　２人は１年生の時に数学オリンピックに韓国代表として出場し、親友が優勝候補だったのに、テウンが優勝する。「１位でなければ意味がない」と常日頃、父親から教えられていた親友は、挫折感を克服できず自死する。テウンは自責の念に耐えられず、高校を自主

退学し、行先も告げず家を出てしまう。

　過去を隠し名前も変えて、ボクサーとして生きているテウンが数学者らしい片鱗を見せることがある。中学1年生だった友人のポケベル番号を8年後でも覚えていたことに驚かれた際の答えである。「覚えやすい数字だったんだ。220と284は友愛数なんだ。数字にも友だちがいる。自身を除く約数の和と同じ数字」。「友愛数というのは、そんなに多く存在しない」と説明された友人は、「要するに、いいことなんでしょ？簡単に言えばいいものを」と文句を言う。

　もっとも、「素数、って何？」と聞かれた時のテウンは、洒落た説明をしている。「素数は、1とその約数以外のどんな数でも割り切れない数だ。プライドが高く孤独な数だ」。

　25歳になったテウンは、ボクシングを続けながら財閥令嬢ボラの運転手として働く。彼女を大学に送り、待ち時間に車の脇でキャンパスを眺めている時、テウンを自家用車通学の財閥2世だと勘違いした風変わりな老人と出会う。後日、学内を見学していて、学生が黒板に数式を書いているのを見つけたテウンが廊下から数式を見て、独り言で間違いを指摘していると、担当教授がやってきて「この前の財閥2世じゃないか！中に入りなさい」と声を掛ける。前に会った老人であった。テウンが「僕は財閥2世でも学生でもありません」と答えると、教授はテウンのコメントを立ち聞き

していたらしく「なぜ、グリーンの定理が成立しないってわかるんだ？」と、非凡な才能に興味を抱く。

教育者として

これ以降、この数学教授がテウンを導く姿は、科学コミュニケーションだけでなく、研究者としての姿勢や教育者としてのあり方を考えるうえで示唆するところが大なので、少し詳しく紹介する。

教授はバスケットボールが趣味で、テウンとボラを強引に誘い、2人は学生たちといっしょに試合をする。無口で愛想っ気のないテウンの様子を見ていた教授は、終わってから研究室にテウンを招き、「女という生き物は、男が心で伝えても、伝わらないんだ。口で言わんとね。だから、きれいなら、きれいと言ってやれ」と、対人コミュニケーションについてのアドバイスまでする。

さらに、「バスケ、うまいじゃないか。数学とバスケと、どっちが得意なんだ？」。過去を知られたくないテウンは無言。「数学も得意のようだ。どこで習ったんだ？」。8年間も数学から離れていたテウンは無言。「独学か？　いいことだ。数学は孤独な学問だからな。しかし、わしのようなプロは孤独でもいいが、アマチュアが孤独なのは、よくない」。

テウンは数学に戻る決意を固め、教授の研究室を訪れ、与えられた問題を解く。教授は「驚いた、素晴ら

しい」と褒めた後、「そんなに黒板全体に数式を書かなくても、5〜6行で解ける問題だぞ。数学は、答えさえ合えばいいってもんじゃない。ポアソンの和公式も知らないのか？　勉強したいと言うから、日曜に出てきてやったのに」と怒る。テウンが怠けていると誤解したようだ。テウンが「勉強し直すには遅いのでしょうか？」と問うと、「いくらよく動く機械も、止まれば錆びる。数学だって甘くない」。そして教授は学術書を投げ、「来週までに読んでこい」。約束通り翌週、テウンは研究室を再訪し、黒板で課題を解く。それを見た教授は「君は、大学教育に恨みや不満があるのか？　この問題を解けるヤツはなかなかいない。なぜ大学に行かなかった？」。過去を知られたくないテウンは答えない。

　次に教授は学内のバッハ・コンサートにテウンを誘う。親友が生前、一番好きだった「ゴールドベルク変奏曲」を聞き、テウンは思わず涙する。その理由を知らない教授は、「美しいねえ。バッハは真の天才だ」と言った後、テウンに語りかける。「君のように才能のある人間が、なぜ大学にいかなかったのかわからない。事情があったんだろう。しかし、こうして再び戻ってきた理由ならわかる。数学が好きだから。好きな気持ちは、どうすることもできない。止められても、その心は、そこへ向かうようになっておる」。

　教授は、テウンに尋ねる。「これからもわしと勉強

116

するか？　君の進路が気になる」。「大検を受けようと思います」とテウンが答えると、「飛び級で大学院に入れるといいんだがなあ。君の実力なら大学に行く必要ないんだよ」。テウンが「基礎からやり直します」と答えると、「そうだな。一生懸命やれば、道は開ける」。

　しかしテウンは正規の学生ではなく、働くのに忙しいので、教授に会えないことも多かった。久しぶりに会った教授は「学部と大学院と合わせてもＡはいない。君だけだ。Ａ＋でもよかったが、やめておいた、出席率が悪いから」と言い、「戻ってくるか？　戻ってこい」。そして「君は遊んでちゃ、だめだ。これ、読め」と論文集を渡す。

　この教授は、たまたま出会った青年の数学者としての資質を見てとり、研究者に育てようとしたのであろう。それにしても、正規の学生でないのに指導する教育者としての姿勢、それを可能にする環境は、羨ましい。学術研究が尊重されているとは言えず、どの大学も財政難と教員の過重負担に苦しんでいる昨今の日本では考えられない。ドラマだからと思いつつ、このような教育と研究が現実になってほしいと願わざるをえない。

「ある時は一人で、ある時は共に」
　教授の研究指導を受けながらテウンは論文を書き提

出する。すると教授は「来週、大学院生たちのセミナーがある。そこで、これを発表してみなさい。君にとっても、いい勉強になるはずだ」。テウンが「学生でもないのに」と遠慮すると、教授は「学ぶ者は、皆、学生だ。しっかり準備してきなさい。わしの院生は手強いぞ」。

当日、教授はテウンを大学院のセミナーに連れていき、院生たちに「学問の女王は数学、数学の女王は整数論だ」とテウンの研究テーマを紹介し、論文を完成させるため質問するよううながす。多くの質問や意見が出され活発な議論が続いた。

終了後、外のベンチに2人並んで座り、教授は「どうだった？」と尋ねる（字幕より）。

テウン「緊張しましたけど、楽しかったです」

教授「どうして君を呼んだのか、わかっただろう？共に学ぶということは楽しいだろう？」

テウン「はい」

教授「どんな天才でも、真理の証明は一人じゃできん。もちろん、いつもいっしょにはいられない。真理を見つける道は遠く、その道は人それぞれだ。しかし、僕たちはいつもいっしょに歩いている。ある時は一人で、ある時は共に」

その後、教授はテウンの論文が学会誌に掲載されることになったと告げ、校正刷を確認させる。テウンは、論文の表紙に「ハン・ドック」と書かれていた氏名を

消し、これまで隠して生きてきた本名の「ハン・テウン」を書き入れる。

　その日、教授は「組み合わせ論の問題だが、証明してみなさい」とメモを渡す。一読したテウンは「これって、未解決の難問じゃないですか」。「知っていたか」と言いつつ教授は「未解決の難問に挑戦するのが数学者の目標とは限らない。しかし、あえて挑戦するのは魅力的なことだ。挑戦してみなさい。失敗もよい経験だ」。進捗状況を聞かれテウンが「難しい」と答えると、「だから未解決の問題なんだ。焦らず、ゆっくりやりなさい。何十年もかけて解く問題もある」。

　難問に取り組み始めたテウンは、ボラから「なぜ数学が好きなの？」と聞かれ、説明する。「答えがあるから。人生で出くわす問題には、答えのないものが多い。だから、気を揉んだり悩んだりするけど、数学には必ず答えがある。どんなに難しくても、いつかは誰かによって必ず解決される。時間がかかるだけ」。

　寝ずに研究に取り組んでいたテウンは、真夜中のジムでグローブを片付けているうちに、ボラが「整理整頓」と称してグローブを色で分類し並べていたことを思い出す。「そうか、『配列』だ！」と閃き、グローブを並べ替えながら、テウンは夢中でリング一面に数式を書き、難問を解く。すぐ教授に報告すると、教授は「こんな短時間に見つけるとは、本当によくやった。学会でこの論文を見せてくる」。このニュースは、た

ちまち広がり、新聞記者が取材に訪れ、「消えた天才、難問を解き、数学界に戻る」と報道される。

　囲碁の世界で生きてきた新入社員が「一人で闘い、責任も一人でとってきたので、『共同作業』をしろと言われてもわからない」とドラマ『未生（ミセン）』で語ったように、テウンも「共に学ぶ」機会を失ったまま過ごしてきた。しかし偶然に出会った数学者から多くを学び、米国の大学から招待されたことで共同研究も体験する。

答えがあるからでなく

　博士号を授与され、国際的な数学賞も受賞して米国から帰国すると「ハン博士の受賞記念講演会」が開催される。講演後の質疑応答では、最後に韓国科学高校の生徒が手を挙げた。

　「科学高校のご出身とうかがっています。光栄です。先生のラムゼー理論は難しいので、先輩が数学を好きな理由を教えてください」。テウンは、「好きな理由……」としばし考えた後、こう答える（字幕より）。

　「昔、好きだった女性が同じ質問をしました。そのときは、『数学には答えがあるから』と言ったけど、今、思うと、答えは重要ではなかった。数学が好きだったのは、幸せだったからです。答えがあるからではなく、答えを探す過程そのものが幸せだったからです」

9　ビジネス・コミュニケーション

利益に結びつくもの

　ビジネスにおけるコミュニケーションは利益に直結するので、企業にとって死活問題といえる。だからこそ近年の経済界はコミュニケーションに使える英語力の育成を教育機関に強く求め、ビジネスの場でのコミュニケーション能力を測定する TOEIC (Test of English for International Communication) を活用している。さらに英語だけでなく日本語でもプレゼンテーションや交渉などのコミュニケーション力を重視している。母語である日本語を土台に言語技術を磨く研修や、異文化コミュニケーション力を備えるためのコーチングなどを外部コンサルタントに委託する企業も増えている。この現象は日本特有ではなさそうで、英語でのビジネス交渉術やプレゼンテーション力を取り上げたドラマもある。

　言語コミュニケーション能力に秀でている経営者は、『Secret Garden』の主人公ジュウォンである。怒るとすぐに膝蹴りをする恋人のライムに対し、「話し合おう。神が言葉を作ったのは、考えを伝えさせるためだ！」と説くだけあって、プレゼンテーション能力も説得力も群を抜いている。

　経営するデパートの重役会議でも、常に根拠をデータで示しながら論理的に主張し、提出された企画案を

論破して突き返す。結果としてジュウォンの企画は成功するので、誰も反論できない。ジュウォンは外国語にも長けている。スタント女優との関係を聞かれ、「世界には多くの言語があって、僕は5か国語を話すが、2人の関係を表す言葉は見つからない」と答える。

　英語でのコミュニケーションも得意で、相手から何か文句を言われると、"Sorry!"と英語でいなしてしまう。ライムといっしょにいたいばかりに時代劇のロケに参加するが、戦闘シーンで共演していた恋敵をわざと後ろから斬りつけ、NGとなる。監督が「なんで味方の頭領に斬りつけるんだ！」と怒鳴ると、「あー、味方だったのか。敵だと思ってた」とうそぶき、片手をあげて"Sorry!"。

　スタントマンたちに出身大学を聞かれると、ジュウォンは、"Columbia University in the City of New York."と、いかにもコロンビア大学の卒業生らしくなめらかに答え、相手は「コロンビア？　コーヒーの産地？」と、キョトンとする。

英語での交渉術

　そのジュウォンが、英語での交渉術を見せる場面が第16話にある。自分の命を助けるためライムが一生に一度あるかないかのハリウッド映画のオーディションを棒にふったことを知り、なんとかしようと監督との直接交渉を試みたのである。

ところが監督はすでに韓国を発ち、東京へ向かっていた。そこで、監督の連絡先を探し電話するが、出ないので50回以上もかけて、メッセージを残す。

　やっと電話がつながった監督は不機嫌で、50回以上も電話するって「お前は何者だ？」と聞く。それに対して、自己紹介は後回しにすると述べてから、本題にいきなり入るジュウォン。最も重要なことを最初に話したり書いたりすることは、英語コミュニケーションの定石である（以下、筆者訳）。

　　The reason why I called you more than 50 times is because I wanted to tell you that you missed a chance to see one of the greatest actors around.
　　She missed the audition and perhaps lost the chance of a lifetime in order to help the life of a man in dangerous situation.

　　50回以上も電話したのは、優れたアクション俳優に会う機会を逃したとお知らせしたかったからです。
　　彼女がオーディションを受けられず、おそらく一生に一度の機会を逸したのは、危機にあった男の命を助けるためだったんです。

　監督は、事情はわかったけれど、日本の後はすぐ香港に飛ぶので、韓国に寄る時間はないと断る。それでもジュウォンは諦めない。

Why don't you fly to Korea en route to Hong Kong?

　　香港に向かう途中、韓国に飛んだらどうですか？

　飛行機の予約もしていないし、それは無理だと監督が答えると、

　　If that's the only reason, I can solve that easily.
　　I'll send a private charter to Haneda right now.
　　See you in Korea.

　　もしそれだけが理由なら、簡単に解決できます。
　　プライベート・チャーター機を羽田にすぐ送ります。
　　では、韓国でお会いしましょう。

と強引に話をまとめてしまう。

　チャーター機を飛ばせる財力があるからこその提案であるが、交渉の仕方は参考になる。肝心なことを最初に述べ、要点を押さえて短く話す。断られても諦めず、代案を出す。

　約束通り羽田に飛ばしたチャーター機でソウルに戻ってきた監督を空港で迎えたジュウォンは"Thank you for coming."（いらしてくださり、ありがとうございます）と挨拶する。

　監督は、「50回も電話をしてきて、君の電話番号をこれ以上見たくないから来ただけだ」と嫌味を言うが、

124

ジュウォンは平然と"This is all for your movie."（すべて、あなたの映画のためにしたことです）。へりくだって詫びたりするのではなく、「あなたの映画のために、来ていただいた」と挨拶するのは、いかにも生意気な財閥御曹司らしいし、日本語なら押しつけがましく聞こえるが、相手の利益になると説いて押すのは英語的な交渉術である。

　ライムのアクション場面を見た監督は、最終的に主演女優のスタントに選ぶ。日本・韓国・中国から多数の応募者があり、1次の書類審査、2次の映像審査の合格者だけがオーディションを受けて選ばれるなか、正規のオーディションを受けなかったのに異例の抜擢である。ライムのスタント女優としての能力を5分で見抜いた監督の英断であり、それを可能にしたジュウォンの行動力と英語交渉力の成果と言える。

人の心を短時間でつかむ

　『Start-Up』の主要なテーマは、起業をめざす開発者と投資家の交渉である。

　開発技術だけでは投資の対象にならず、どのようなビジネス・プランがあるかで投資が決まる。開発者は往々にしてビジネスに疎い。ドサンは、13歳でアルゴリズムを構築するなどの才能があり、「プログラミング言語は一番扱いやすい」と言うほどで、優れたAI技術を開発する。しかし経営戦略は念頭になく、

国語が苦手で表現力は低く、投資家を説得するような言語コミュニケーション能力がない。結果として、2年間も無収入で埋もれていた。

起業は、「成功すれば社長になれるけれど、失敗すれば詐欺師だ」という台詞が示すとおり、リスクがつきものである。そこで重要なのは、市場動向を見極めて経営戦略を立てる能力のある代表（CEO）の存在である。ジピョンもドサンに対し、「君は代表を辞めたほうがよい、向いていない。優秀なCEOが必要です」と忠告する。「プログラミングする時に胸が高まるなら開発者に。会社の成長に喜びを感じるなら起業するとよい」とも語る。

そのCEOに欠かせない能力が、発表能力であり説得術である。

ドサンから頼まれて代表になったダルミは、生まれて初めて投資家を前にプレゼンテーションすることになる。緊張しきっているダルミに気づいたジピョンはスピーチ原稿に手を入れ、こうアドバイスする（以下、字幕より）。

「導入は短く、強烈に」
「強調する部分は、ゆっくり話す」

ドラマには、「エレベーター・スピーチ」なる用語も登場する。字幕では「説得したい人にエレベーター

で会ったら1分で心をつかむ、短く、効果的なプレゼン」と説明され、いろいろな登場人物が相手を説得している場面に合わせてナレーションが流れる。「逆に言うと、誰かの心をつかむのに、長い時間は必要ないということ。1分あれば十分だ」。

　続けて、場面に合わせて流れるのが次の言葉である。

　　「人の心を動かすのは、巧みな言葉より、瞳に込められた切実さか」
　　「もしくは共感か」
　　「だが、最も強く心が動くのは、すべてのものを差し置いて真実を話す時」

　昨今の教育では、科目横断的にコミュニケーション能力が重視され、小学校から中学・高校・大学を通して、どの授業にもプレゼンテーションが組み込まれている。相手にわかるよう説明する能力は、ビジネスだけでなく分野を問わず求められている。
　それでも、他者の理解を得るのは、時間の長短ではなく、発表の上手下手だけでもなく、そこにこめられた「思い」であろう。

3

ジェンダー、コミュニケーションの破綻と修復、そして自立

異文化コミュニケーション学の広がりを示すため、本章では、体系的に周縁化されてきた女性の「他者性」[注1]を取り上げる。男女間の対話を異文化コミュニケーションとしてとらえ、ドラマの事例から、女性差別の実態を検証し、そこから生まれる自立への希求とコミュニケーションの断絶を考察する。そのうえで、男女双方の平等を志向した法廷コミュニケーションをひとつの解として提示してみる。

▎1 「そんなことしか言えないの？」

　『愛の不時着』に、ジェンダー（男女間）コミュニケーションの視点から、示唆的なやりとりがなされる場面がある。

　南に帰るため、小船で公海上に出ようとしたものの、密航防止の海上統制命令が出されており、警備艇がやってきて失敗してしまう。韓国に帰れると思っていたセリは怒りがおさまらないまま、何とか自分の気持ちを切り替えようとする。

　セリ「生きていれば、大なり小なり事故に遭うこと
　　　もあるし、道に迷うこともあるわよね。今日のこ
　　　とは、まだもう少し道に迷うんだと前向きに考え
　　　ます。でも、来週中には、南に帰れますよね？」
　ジョンヒョク「無理です」
　セリ「もちろん、無理でしょうけど、探せば何か方

法がないわけじゃないですよね？」

ジョンヒョク「ありません。海上統制命令が出たら、
　解除されるまで、最短でも 10 日から 15 日かかり
　ます」

セリ「ちょっと……こんな状況で、そんなことしか
　言えないんですか!?」

ジョンヒョク「僕は、事実を言っただけ」

セリ「私が今、事実を聞きたいと思います!?」

ジョンヒョク「僕に嘘をつけと？」

セリ「嘘じゃなくて、慰めてくれって言ってるの
　よ！　大丈夫だ、できる、って」

ジョンヒョク「嘘の慰めはできない」

セリ「ムカつく！」

ジョンヒョク「ムカつく？」

セリ「悪かったと思ってるなら、約束して。来週は
　江南のカフェでエスプレッソを飲めるって！」

ジョンヒョク「できないことを約束するわけにいき
　ません」

　怒りをおさめるどころか、生真面目なジョンヒョク
がいちいち「無理です」「できません」「嘘はつけませ
ん」と返事をするので、セリはますます腹を立てる。
事態が難しいことくらいわかっているけれど、とりあ
えず気持ちを前向きにしたいセリは、自分の落胆を理

解し、共感してほしい。「本当に悔しいよね」「大丈夫だよ。なんとかなるさ」くらいの言葉をかけられないのかと、思わず「慰めてくれって言ってるのよ！」と叫んでしまう。

　ところがジョンヒョクは責任感が強いので、適当なことは言えない。過大な期待を抱かせてはいけないから事実を伝えているのに、なぜセリが噛みついてきて、無茶苦茶な（とジョンヒョクには思える）要求をするのか、理解不能で困惑している。

　それでも彼は、「来週は……エスプレッソを飲めるって約束して」とセリが言ったことは覚えていた。なんとか慰めたいとも思っていたのだろう。舎宅村に戻るとすぐ、なかなか手に入らない貴重品のコーヒー豆を市場で特注し、入手すると庭で豆を炒り、スイスから持ち帰ったコーヒーミルを何年ぶりかで取り出してコーヒーを淹れる。黙って差し出されたコーヒーをセリは「美味しい！」と喜ぶ。ジョンヒョクは口数が少なく無愛想だが、心は温かく、命をかけて約束を守る強い男性であることを、セリは少しずつ知るようになる。

男女の対話は異文化コミュニケーション

　社会言語学者タンネン（Deborah Tannen）は、女性と男性は幼少期から家庭での育てられ方が違い、異なる世界で違う言葉を使うようになっているので、男女

のコミュニケーションは「異文化コミュニケーション」だと考え、なぜ男女の対話が食い違うかを多くの事例をもとに分析した。最初の本は家庭での男女のやりとり、2冊目は仕事場でのコミュニケーションを取り上げており、いずれもベストセラーになった。

　家庭内での会話を分析した *You Just Don't Understand* に、セリとジョンヒョクの言い争いに似ている例がある。乳がんの手術で傷痕が残っているのを気にした妻がこぼすと、夫が「整形手術すればいいよ」と答える。妻は、単に慰めてほしかっただけなので傷つき、「手術はつらかったって言ったのに、また、手術しろっていうわけ？」と怒る。夫は、せっかく具体的な解決策を提案したのに、なぜ妻が怒るのかわからない。タンネンは他の事例も挙げながら、女性は理解を求め、自分の気持ちに寄り添ってほしいだけなのに、男性は自分が問題解決の責任者であるかのように考えアドバイスしてしまうところに、意識の乖離があると説明している。

　男女の発言量についてタンネンは、著書のなかで一般論として、こう述べている。

　　私的な場での発言は女性のほうが多く、男性は黙りがちである。それは女性の多くが rapport talk（人間関係作りための会話）を重視し、男性は、report talk（知識や技能を示すため情報を伝える会話）

が社会のなかで自分の立場を守るために必要だと考えるからである。

　そのため、男性は一座の中心になって語ることを好む。これは会議などの公的な場は無論のこと、私的な場でも同様である。

（Tannen, 1990 を筆者が訳し、要約）

　職場でのコミュニケーションを分析した著作においてタンネンは、会議で男性が優位に立つのは、そこに社会的な権力関係があるからだ、とも述べている。言語コミュニケーションと権力との関係は次章で論じる。

コミュニケーションと性差

　コミュニケーションにおける性差の研究は、ひとつ間違えると男女のコミュニケーション・スタイルのステレオタイプ化に結びつくうえ、LGBT（Lesbian, Gay, Bisexual, Transgender）の人々を排除してしまう可能性がある。さらには言語行為のありようをジェンダー固有の特性に帰すことで社会構造的な女性差別の実態を覆い隠してしまう恐れもある。

　それを念頭においたうえで、本章では女性をめぐる問題について、視野を広げて考えてみたい。

日本における女性とコミュニケーションの問題

日本では 2021 年 2 月 3 日、「女性がたくさん入って

いる理事会の会議は時間がかかります」「女性っていうのは競争意識が強い。誰か1人が手をあげていうと、自分もいわなきゃいけないと思うんでしょうね」と東京オリンピック・パラリンピック組織委員会の森喜朗元会長が発言し、女性蔑視、性差別、オリンピック憲章違反だと批判を受け、謝罪して発言を撤回したものの世界各国で報道され、辞任に追い込まれた。日本オリンピック委員会の臨時評議会に出席していた評議員はそろって、この発言を笑って受け流したとされる。

　女性はおしゃべり、という社会通念は根強い。医学部受験で、女性が不利になるよう、いくつかの大学で点数が操作されてきたことが2018年になり問題になった。某大学医学部は、男性と女性で合格基準を変え意図的に女性の合格率を下げていたとの批判に対し「一般的に大学入学時点の年齢では、女子の精神的な成熟は男子より早く、相対的にコミュニケーション能力が高い傾向にある」と弁明し、その根拠としてテキサス大学のローレンス・コーン教授が1991年に執筆した論文を挙げた。ところがコーン教授は、新聞社の取材に対し「（この）論文は、心理的成熟度の性差について調べたもので、『コミュニケーション』や言語能力の性差を調べたものではない」と回答している。

　#MeToo などセクハラ告発運動が日本でも広がっていることから、多くの人々が森発言を、性差別に結びつけて声をあげるに至り、海外でも盛んに報道された。

森氏の発言には、「私どもの組織委員会にも女性は何人いました？　7人くらいかな。みんなわきまえておられて」と述べた箇所もあり、Twitterでは、その日のうちに「#わきまえない女」が投稿され、拡散した。

　「わきまえる」という日本語は「物の道理を十分に知る。よく判断してふるまう」（『広辞苑』第7版）、「（自分の置かれた立場から言って）すべき事とすべきでない事とのけじめを心得る」（『新明解国語辞典』第8版）ことを意味する。海外メディアは、この問題を英語で次のように訳した（日本語は筆者訳）。

　We have about seven women at the organizing committee, but everyone understands their place. (AFP, Reuters)

　組織委には女性は7人くらいいるが、みんな自分の立場を理解している。

　Those women, he (Mori) suggested, are able to speak at a length that meets his standards for brevity. (The New York Times)

　その女性たちは、森氏が考える簡潔さの基準を満たす長さで話すことができる。

　「わきまえる」の語義がわかるように英訳している

のは、ロイター通信の understand their place であろう。通常は、know one's place として使われ「自分の立場を知る」「分をわきまえる」「身のほどを知っている」という意味である。この英語は米国では、人種差別、女性差別などと関連して認識されることが多い。

「わきまえている女性」とは、つまり女性としての立場を理解し、「身のほどを知っている女性」であり、そこに「だから会議で長々と発言するな」という女性に対する差別意識が潜んでいることを察知したからこそ、「#わきまえない女」が共感を呼んだのであろう。「#わきまえない女たち」は、もう黙っていない。声をあげる。世界では #DontBeSilent (Don't be silent. 黙っていてはだめ、発言しよう)というハッシュタグが驚異的に広がった。

ちなみに、森氏は釈明の記者会見(2021年2月4日)で辞任について記者から問われると、「邪魔だと言うことであれば、老害が粗大ごみになったのかもしれませんから、そうしたら掃いてもらえばいい」と開き直った。この発言は特に問題にはならなかったが、高齢者をひとくくりにするのは年齢差別(agism)につながる。高齢だから「老害」なのではない。学ぶことを忘れ、弱者に思いを寄せる謙虚さを失い、他者の尊厳を平気で踏みにじるようになったら、社会の害になる。年齢は関係ないことを肝に銘じたい。

セクハラとコミュニケーション

女性差別、とりわけセクハラ(sexual harassment)をテーマにした映画に *Bombshell* がある。全米最大の放送局 FOX で実際に起こったセクハラ事件を風化させないために映画化された。テレビ業界の帝王であった CEO エイルズ(Roger Ailes)のセクハラを、女性たちは仕事を失いたくない一心で黙って受け入れてきた。しかしニュース・キャスターのカールソン(Gretchen Carlson)が告発したことを受け、次々と被害者が証言し、ロジャーは FOX を解雇された。この後、#MeToo などセクハラに抗議する運動が世界的に広がることになる。

韓国ドラマは、社会的な問題を積極的に取り上げている。テレビ報道のあり方(『Pinocchio』)、SNS での中傷(『青春の記録』)、財閥の不正疑惑(『相続者たち』『ピョン・ヒョクの恋』)、財閥のパワハラ(『梨泰院クラス』)、受験戦争(『SKY Castle』)、非正規社員への差別(『未生』)、ドメスティック・バイオレンス(『ある春の夜に』)、出版界の実態と女性のキャリア(『ロマンスは別冊付録』)等々。

『Secret Garden』では歌手の盗作疑惑やスキャンダルに加え、デパートでのセクハラ事件が登場する。顧客による店員に対してのセクハラ現場に居合わせたのが、見た目はジュウォンだが実はライムに入れ替わっていた社長で、客を殴って制裁を加え警察沙汰になる。

この一件を常務が会長に告げ口すると、会長夫人が「女性が不快に感じたらセクハラになるの。キム社長は立派だわ」とかばう。しかし、本物のキム・ジュウォン社長は「こういう時は、まず防犯カメラで確認してから示談に持ち込み、報道を差し止めるものだ」とライムに注意する。ライムはいったん詫びた後で、「もし同じようなことを目撃したら、やっぱり殴る。法律は弱い者を守らないから」と付け加える。翌朝、デパートに出社した本物の社長ジュウォンは、弱い立場の女性社員を守った社長への信頼と尊敬の眼差しに戸惑うことになる。

職場でのセクハラ

　職場でのセクハラを取り上げたのは『よくおごってくれる綺麗なお姉さん』である。セクハラの実態が丹念に描かれているので、長くなることを承知で、一連の動きを追ってみたい。主人公のユン・ジナが勤める会社に女性社員は多いが、幹部の女性はチョン部長ひとりで、ほかの役員や管理職は男性である。ジナの直属の上司であるコン次長は、常に上から目線で女性社員を怒鳴りつける。失恋したらしいとの噂を聞いて、ジナに対して皆の前で「別れてばかりいないで早く結婚しろ」などと平気で言う。

　女性社員の悩みは、上司から強要される食事会であり、その後の二次会である。否応なく連れていかれ、

体を密着させる上司に付き合うことになる。ジナはい
やと言えない性格で、お酌をしたり、そばに座って肉
を取り分けたり、カラオケではタンバリンを叩いて座
を盛り上げたりするので、同僚の女性たちから迷惑が
られ、「ユン・ジナ」ではなく「ユン・タンバリン」
と陰で呼ばれている。

　ある日、遠くの町での新規開店にあたり、オーナー
が本社役員と親しいことから「格別な気遣い」を見せ
るため、出張に同行する社員を決めるようコン次長が
命じる。「行きます」と手を挙げた男性社員は「その
時間をほかの仕事に費やせ」と断られ、狙いは女性社
員であることが明白であった。

　女性たちは「次長と行くなんて絶対にイヤ」と話し
合い、その場にいなかったジナに押しつける。ジナは
「変態」と悪名高い次長に同行するとは知らず、1泊2
日の出張を引き受けてしまう。

　案の定、出張先で新規開店の準備が終わると、接待
の食事への出席を指示される。「胃の調子が悪いので、
お先に失礼します。明日は早くに出勤します」と断る
と、次長は店の外まで追いかけ「ここまで来て、抜け
る気か？」と怒鳴る。ジナが「おっしゃる意味がわか
りません」と言うと次長は「とぼけるな！　いっしょ
に食事をしてから、酒を飲んで……」。それを遮りジ
ナは「タンバリンで場を盛り上げて、触られても耐え
ること？　もうやめたんです。うんざりですから」と

宣言する。

　上司という権力者に対して、女性がこれまでの慣例を拒否するのは、相当な勇気が要っただろうし、上司の怒りを覚悟のうえでもあったろう。

　出張から帰社すると、ジナは理事と次長に呼ばれ叱責される。しかし「私の何が悪かったのかわかりません。店の仕事はすべて終えてきました。何がいけなかったのか、具体的におっしゃってください」と反論。コン次長が「しらばっくれるな」と割って入っても「スーパーバイザーとしての責任は果たしました。それ以外は仕事の域を越えています。これは間違った考えでしょうか？」。自分もセクハラをしてきたナム理事は突然、次長に向かい「軽く昼食で済ませるとか、他に方法あるだろ？」と矛先を変えてごまかす。セクハラの責任を問われるのを恐れてのことであろう。

　後日、全員参加の食事会が開かれる。ジナは珍しくほかの女性社員といっしょに座る。気づいた次長が「ユン代理、こっちに来い」と大声を出すが、ジナは動かない。コン次長は代表に向かい「最近、チームワークが乱れています。個人プレーが目立ち過ぎる」と釈明。代表は「それで、どうしろと？」。ナム理事が「まずは……こういう酒の席で上司に従うマナーを……」と言いかけると、女性のチョン部長が若い男性社員に対し「肉を焼いて！」。男性社員は急いで移動し肉を焼き始める。チョン部長は「これが、そのマナ

ーですか？」。かつてない事態に会場は静まりかえる。

この夕食会でのジナの反抗は社内に波紋を呼び、他部署の女性社員が上司との酒席を断わり「強制するなら告訴します」と言い放ったことも、ジナの影響だと噂になる。誰もが「あのユン・タンバリンが思い切った行動をして別人みたい」と驚き、「何が彼女を変えたのだろう」と話題になる。

波紋はさらに広がる。代表は「差別が生む不快な状況について」アンケート調査をすると発表し、無記名だが、加害者の名前だけは書かせるよう指示する。

この動きに動揺したコン次長はジナを懐柔しようと夕食に招き、「今まで俺がつらい思いをさせたなら、ここで吐き出して許してもらえないか？」と切り出す。さらに「君は急に変わった。理由を聞かせてくれ」。ジナは、こう答える。

「今まで私は、自分を大切にしていませんでした。でも、私よりも私を大切に思ってくれて、守ろうとしてくれる人のために、私も強くなろうと思いました。その人を心配させないように、私自身を自分で守ろうと決めました」

自分に自信がなかったジナは、ジュニに大切にされたことで自信が生まれ、自分も自身を大切にしようと考えるに至ったのであろう。ドラマ『恋のトリセツ』に「自尊感情が低いと恋愛は無理だ」という理由で、結婚願望のある女性にまずは自信を持たせようとする

カウンセラーが登場するが、それとは逆で、恋をすることで自信が生まれたことになる。

証言する

　社内では、セクハラ問題が管理職間の権力争いにもつながり、昇進を餌に理事から頼まれ同僚のスパイをする女性社員も出てくるなど、社内は分断される。アンケート調査の回収率は低い。無記名とはいえ、結局は誰が何を書いたかがわかってしまい会社に居づらくなり、内部告発者となれば再就職も難しくなるのを恐れているからである。現実がそのまま映し出されているかのような展開に、まるでドキュメンタリーを観ているような錯覚に陥る。

　アンケート調査では女性社員の本音が引き出せないことから、チョン部長は携帯メールやSNSの投稿などの証拠集めに乗り出す。その結果、一本の動画が見つかる。カラオケでコン次長がジナに抱きついたり、ナム理事がテーブルの下でジナの足を触ろうとしている様子が映っているものだった。チョン部長は、動画を記録したUSBをジナに渡し、証言してもらえるかを打診する。

　ジナは、自分が貶められている光景が映っている動画を見終わると、意を決してパソコンに向かい書いた。「加盟店運営部のユン・ジナです。勤続10年の間に私が経験してきた被害の実態を告発しようと思います。

すべての出来事は事実であり、証言することもできます」。

　告発が社内に伝わると、空気は一変してジナに対して冷ややかになる。ジナを応援してくれる女性社員は数少なく、大方は上司に丸めこまれ、自分を守るため近寄らない。セクハラが起きたのは、そもそもジナのせいだ、と公言する社員も出てくる。

　代表は、セクハラ事件が長引いて会社が打撃を受けることを恐れるようになる。ジナに証言を依頼したチョン部長も、代表から「たった一人の社員のために会社を倒産させるつもりか！」と一喝され、返す言葉がない。

　社内で孤立したまま「事由を公開しての懲戒処分」を求めて闘ったジナは、閑職に飛ばされる。「被害を受けた者に不利益な処罰をすると懲役もしくは罰金刑に処される」という法律があるため解雇にはならなかったが、昇進と言えば聞こえはよいものの、実態は左遷である。

　セクハラ裁判では勝訴したものの、ナム理事は判決を不服として控訴する。勝訴を祝ってくれる人は社内にはいない。家族はセクハラ事件について何も知らない。ジナが毅然とした態度をとるよう強くしてくれたジュニは、いっしょにいれば「よく闘った」と褒めてくれたであろう。しかし、2人は別れてしまっていた。

2 コミュニケーションの断絶

　ジナとジュニの2人が別離に至る経緯で顕著なのは、コミュニケーションの断絶（communication breakdown）である。英語の breakdown は、「故障」だけでなく「断絶」「崩壊」の意味があり、コミュニケーションにおいては、「不全」や「破綻」とも形容できる。要するにコミュニケーションの失敗である。

家庭内でのコミュニケーション離脱

　まずは家庭内のコミュニケーション断絶。ジナの母親は、「親は責任があるので、わが子のすることに口出しは必要だ」と固く信じている。その信条に基づき、成人した子どもに対しても過度に干渉し、自分の価値観を押し付ける。まさに「親という名の暴力」[注2]である。夫も息子も「何か言うと、母さんはかえって逆上する」とコミュニケーションを回避する。

　一度だけ息子が母親の態度を「過干渉は暴力だ」と批判し、自分も死にたいと思ったことがある、姉さんだって川に飛び込むかもしれない、と叫んだ。しかし母親が寝込んでしまい、それ以降、息子は母親を刺激しないようになる。夫は、娘とジュニとの交際を打ち明けられた時こそ衝撃を受けたが、ジュニの誠実な人柄をよく知っているので理解するようになる。ところが妻を説得できないどころか、定年退職後に仕事がな

く不甲斐ないから娘が良縁に恵まれないと逆襲され、何も言えない。

コミュニケーション不全の原因

コミュニケーションが失敗する要因には、「信頼の不足」「共感の不足」「コミュニケーションからの離脱（withdrawal）」が挙げられる。

相互の信頼関係がないとコミュニケーションは成立しないし、恋人同士であっても信頼関係が壊れるとコミュニケーション不全に陥る。共感がないと、見当違いの発言や相手を傷つける言い方をすることになり、傷ついたほうが対話の場から逃げ出したり避けたりして、コミュニケーションは断絶する。

その意味で『綺麗なお姉さん』の場合に深刻なのは、当事者であるジナのコミュニケーション不足であり、共感する力の弱さかもしれない。ジュニを愛していると言いながら、追い詰められた彼の絶望を十分には理解しないまま、2人のコミュニケーションが断絶し、別れに至る。

『愛の不時着』のセリ役と同じソン・イェジンが演じ、同じ「ユン」という苗字であり、同じように魅力ある女性であるが、セリとジナはまったく違う。

言葉で他者を動かす

セリは起業に成功しただけあって自分の能力に自信

146

があり、コミュニケーション能力も抜群に高い。仕事では、内面に抱える孤独感などまったく見せず、権力者特有の威圧的な話し方をするが、中隊員が「人を見る目は確かな女性」と評したとおり、人間に対する洞察力に優れ、言葉で他者を動かす力がある。

　兄の事故死以来、ピアノへの思いを封印して生きてきたジョンヒョクの心に風穴を開けたのはセリである。書棚からスイスの音楽院への入学願書や楽譜、ピアノ演奏会のチラシなどを見つけ、「スイスにいたの?」「ピアノを弾くの?」と質問する。その時は黙って答えなかったジョンヒョクは、この核心を突く質問で心を揺さぶられ、7年ぶりに「スイス」と「ピアノ」が脳裏に蘇る。

　セリは、相手の心の動きを察知する鋭敏さもある。開城から平壌へ向かう列車が停電で十数時間止まってしまい、乗客の誰もが野原に出て焚き火で暖をとりながら一夜を過ごす幻想的な場で、地面に並んで座った2人。セリがほしがったトウモロコシやジャガイモを買ってきたジョンヒョクは黙って焼く。パクパク食べながら喋っていたセリはふと、「リさんは本当にいい人ね。いつか、いい夫になっていい父親になるだろうな」と言う。ジョンヒョクは「将来については考えたことがなくて」。「どうして?」「思っていたのと違う将来になってしまったら、つらくなるから」。「そんなことがあったんですか?」と聞いたセリは、「あり

ました」とジョンヒョクの本音を引き出してしまう。

ハッとしたセリは、「だからつらかったのね」と受け、励ますようにジョンヒョクの肩をポンポンと叩き、インドのことわざを持ち出す（インド映画『The Lunch-box』に登場することわざ）。

　乗り間違えた列車が、時には正しい目的地に連れて行ってくれる。

セリは、自分もそうだった、と語り「私の人生はいつも乗り間違えた列車だった。だから途中で何もかもやめたくなって、どこにも行きたくなくて、飛び降りようとしたこともあった。なのに、今はどう？　乗り間違えて、とうとう38度線まで越えちゃったわよ」と笑う。つられて微かな笑みをみせたジョンヒョクに対して、セリは真剣に「自分の思いどおりにならないかもしれないけど、将来を考えてみて。リさんには幸せでいてほしい。どんな列車に乗ったとしても、目的地には必ず着いてほしい」と語りかける。2人の心が通いあった瞬間である。

やがてジョンヒョクは、閉ざされた心の扉を少しずつ開くようになり、「これまで将来は考えず、ただ淡々と生きてきたけれど、君が僕の心に不時着してから、未来を夢みたくなった。つらくても、かなわない夢であっても、君との人生を考えたい」と願うようになる。

観察力と洞察力

　洞察力は、観察力から生まれる。セリは言いたい放題に喋っているようでありながら、相手をよく観察している。いくつかの場面から、それがうかがわれる。

　ソウルにやってきたジョンヒョクが、オンラインゲームを初めて試みる場面がある。イエペス（Narciso Yepes）のギター演奏「アルハンブラの思い出」（"Recuerdos de la Alhambra"）が流れるのは、オンラインゲームをテーマにしたヒョンビン主演『アルハンブラ宮殿の思い出』の主題歌だからであろう。ジョンヒョクは夢中になってゲームで闘い、僅差で「血の滲む努力」（実はネット・カフェにいた部下のウンドン）に負け、悔しがって直接対決に出かけようとする。そこへ帰宅したセリはすぐに状況を把握し、強引にログアウトさせ、直接対決に出かけることを禁止するだけでなく使用制限をかけてしまう。ジョンヒョクが抗議すると、「リさんのような負けず嫌いは、ハマると危険なの」と、まるで母親のように注意する。穏やかで物静かなジョンヒョクが実は負けず嫌いなのを見抜いていたのだった。

　その時は「ひどい！」とむくれていたジョンヒョクは、内心、セリが自分のことをよく理解していることを感じとったのではないか。

　その晩、窓辺に立って夜景を眺めている彼の後ろ姿に何かを感じ取ったセリは声をかけ、2人で焼酎を飲

む。酔っぱらったと言い出したセリに対してジョンヒョクは、それなら、と胸の内を吐露する。「北に帰りたくない。ここで君と結婚して、君に似た子どもがほしい。君が白髪になった姿をそばで見ていたい。ピアノもまた、やりたい」と、かなうことのない夢を語る。

　セリは、その場では言えなかった本心を、後から説明することがある。銃創が癒えていないのに雪の夜、セリを迎えにきたジョンヒョクに対し、帰国する方法を見つけた、と追い返したものの、後になって「私のせいで、あなたの人生が台無しになるのが嫌なの」と本心を明かす。コミュニケーションに手抜きをしないセリは、ジョンヒョクがソウルに来てからは、とりわけ細やかな配慮を見せる。

　セリの熱愛スキャンダルにジョンヒョクが不快になっている様子を見破ると、「あなたが現れるのが遅いから、私だって大変だったのよ。運命の人は38度線の向こうにいたんだから」と説明する。彼が北への帰還を切り出せないでいることを察して、「自分のことは自分で守る、私は私の世界で。だからもう帰っていい、あなたの世界へ」と伝える。

　相手がどんな気持ちでいるかを汲み取りながら聞き、言葉を駆使して自分の思いを伝える、双方向の対人コミュニケーションに卓越しているのがセリである。

コミュニケーションへの意欲と自信

対する『綺麗なお姉さん』のジナは、優しいし善意ではあるものの、時に相手の気持ちを読み損ねたり、相手が秘めておきたい心の傷口に手を突っ込んで塩を塗るようなお節介をする。セクハラ問題でも、自分の行動が上司のセクハラを増長させており、他の女性社員が迷惑がっていることに10年間も気づかない。ようやく断固とした態度をとるようになったものの、女性社員たちの理解を得られるよう説得しようとせず孤立してしまう。有能な社員なのに、肝心なところでコミュニケーション能力を発揮しない。

コミュニケーション能力は、コミュニケーションへの意欲と深くかかわり、その意欲には、「自信」が影響を与える。ジナは、自分に自信がない。優秀な弟に比べて親から問題児とされている影響もありそうだ。35歳にもなっていまだに母親からガミガミ言われ、適齢期を過ぎても結婚できないことを「あなたがダメだから」だと責められる。「どうせ出来の悪い娘ですよ」と言い返すが、自尊感情は強くない。それゆえにジュニの自尊心を理解できないのかもしれない。

嘘をつく

ジュニとの交際で目立つのは、ジナが頻繁につく嘘である。すべて「彼に余計な心配をかけない」つもりの嘘だが、結果として事態をこじらせて騒動を起こし、

かえって迷惑をかけ、年中、「ごめんね」と謝る。ジナの嘘は、「会話の協調原理」の「偽りを言うな」(2章3「会話の協調原理」)に違反しているわけだが、その含意は「心配させたくない」である。しかし、それでは思いが相手に届くどころか逆に傷つけることになりかねない。

『Pinocchio』では、「ピノキオ症候群」という架空の病で、嘘をつくとしゃっくりが出てしまう女性記者の姿を通して、真実を伝えることの重要性を浮き彫りにする。

『キム秘書はいったい、なぜ?』で、恋愛に行き詰まった経営者が友人から受けたアドバイスは、「彼女に何か隠したら、嘘がどんどん膨らんで関係を悪化させるだけ。もし隠しごとがあるとしたら、すべて曝け出せ」であった。

セリも、ジョンヒョクに心配させたくない気持ちは折々に示していた。特にジョンヒョクが韓国から北へ送還されると決まった朝。急ぎ病院へやってきて会いに行くか尋ねる継母に対し、セリは「こんな病人姿を見せたら彼を心配させるだけだから、行かない」。しかし継母から「彼は、ずっとそばにいたのよ。意識が戻ったのを見届けてから去った」と聞くや、「すごく会いたい。連れていって」と本音があふれる。

真っすぐで嘘をつかないジョンヒョクが、あえて嘘をついたことがある。北では、セリが拘束されるのを

避けるため、婚約者に仕立てた。南では、北朝鮮軍人をかくまったとなったらセリが刑罰を受けると考え、国家情報院によるセリとの対面調査で、「資金を狙って財閥令嬢を利用した」と偽りの証言をする。そのストレスが原因でセリは倒れ、生命を失いかける。後悔に苛まれていたジョンヒョクは、セリが軍事境界線まで会いにきたことで、「ひどいことを言って悪かった。僕もつらかった」と詫びる機会を得た。さらに北へ帰ってからの扱いを心配するセリに対し、「万が一何か起こったとしても君のせいではない。君は僕の人生に与えられた贈り物で、そのことに感謝している」と想いを伝えることができた。

　セリがかつて見せたことのないような感情を露（あら）わにして「もう会えないの？　二度と？　一生？　会いたくてたまらなくなったら、どうしたらいいの!?」と泣き叫ぶと、「ひたすら待って、祈れば、きっと会える」。「待つ」ということのつらさを知っていながら、「会えるという希望がなければ生きていかれない」ので発した言葉である。

　この対面がなければ、ジョンヒョクは自分の偽証が原因でセリが倒れたことを一生引きずっただろうし、ジョンヒョクが寝食を忘れてそばにいたことを後から知ったとしたら、セリは会いに行かなかったことを悔やんだに違いない。この短い別れの対話で、ジョンヒョクはかなわぬ夢へ向けての勇気を得ただろうし、セ

リも再会に人生をかけようとする。

絶望的なわかり合えなさ

他方、2人の気持ちが哀しいほどズレてしまうのが、ジナとジュニである。ジュニにしてみれば、息子同然だと可愛がってくれていたジナの母親が、ジナとの交際を知ってから態度を豹変させたのがショックだったであろう。「結婚相手は人柄より家柄」「私の基準には合わないから、絶対に交際は認めない」と攻撃され、「親がいない家の子なんて」と罵倒されたことで、ジュニはとことん傷つき耐えられなくなっていた。ジナの弟スンホは、それがよくわかっており、「ジュニは自尊心が強い。あいつも人間だ。そろそろぶち切れるぞ」と父親に警告していた。

ところがジナは、ジュニのやりきれない気持ちを理解できないでいるかのようである。「ジュニが傷ついているのはわかる」と言いながら、「私は今のままで幸せなの」と言い続ける。「あなたは立派な人なのだから自分を卑下しないで」と励まされても、自分の存在を否定されたジュニは、何もできない無力感に苦しみ惨めな気持ちを払拭できない。そこで考えたのが、米国支店への転勤であった。

しかしジュニにとっての誤算は、自分にとっては違和感のないアメリカが、海外に出たことのないジナにとっては遠い地であり踏み出せないことと、「逃げ出

すわけにはいかない」というジナの規範意識の強さで
あろう。

　常識を破ることが必須の創作的な仕事をしている自
由人のジュニは、「本当の姉弟ではないし、平凡な男
女が恋に落ちただけじゃないか」と平気だが、ジナは
世間体や常識を無視できない。さらには本人が自覚し
ている以上に、ジナは両親への依存度が強い。ジュニ
のほうは、母親を亡くしてから父親が再婚し、姉と２
人で生きてきたので、自立している。そんな彼にとっ
て、ジナの母子関係は想像がつかないものであった。
「僕には母親がいないから、子どもに対してどういう
気持ちを持つものか、よくわからない」と語っている。
　そのように家庭環境、価値観や信条、規範意識など
が異なる２人が事態を打破するには、断絶したコミュ
ニケーションの修復を図り「対話」を再開させるしか
ない。

コミュニケーション破綻の修復は可能か

　ジナは、「心が通じ合っていればいい」と主張した
が、「心」ほど、とらえどころのないものはない。恋
人や夫婦であっても親子であっても、「他者」である。
心のなかまでは見えない。そもそも本人も自覚してい
ないような思いが心の奥深くに潜んでいることもある。
　ジュニにしてみれば、自分がもう耐えられなくなっ
て限界なのを何度も訴えたし、母親との板挟みから彼

女を解放するためにも米国転勤で心機一転するしかないと真摯に説明した。セクハラ裁判は在米でも可能なことも説いた。それなのに、なぜいっしょに米国へ行かないのかまったく理解できない。

ジナとしては、今のままで幸せだと言っているのに急に米国に行こうと言い出したジュニの気持ちが理解できない。ジナのためと言いながら結局は自分が耐えられなくなって逃げたいだけじゃない、という不満がくすぶっている。2人は徐々にコミュニケーションによる問題解決を諦めて対話の場から退くようになり、破綻へ向かい始める。

断絶したコミュニケーションを修復するには、相手に「共感」することであろうが、実行するのは至難である。「共感」は、「他者を理解し、その内面を想像し共有すること」であるから、そもそも相手を理解していないのに共感しろと言われても、できない相談になる。相手の心などつかみどころがないからこそコミュニケーション不全に陥っているわけである。

そのもつれた糸をときほぐし、破綻を回避する方策に、ジェンダー・コミュニケーションの研究がどれほど役に立つのかは不明であるし、対応のマニュアルや処方箋などはない。そもそも正解がない問題である。

しかし、タンネンが「男女間のコミュニケーションは、異文化コミュニケーションである」と指摘したのは参考になる。

異文化コミュニケーションの前提として求められるのは、異質な他者の存在を認識することである。コミュニケーション以前の問題として、自分と相手を客観視して、違いがあることを知る。橋をかける前に、相手との間に深い溝があることを認める。性差に限らず、個々の人間がコミュニケーションを通して相互関係を構築する際には、「異質性」や「差異」を直視する必要がある。

　人は違っていて当たり前、自分と同じようには考えないし、自分がしてほしいようには動かない、という現実を受け入れ、腹をくくるしかない。

　その際に、外野の批判を恐れていては何もできない。相手が大切なら、雑音は聞き流し、大切な人の言動を「容認」するしかない。それが異文化理解で求められる「寛容」である。わかりやすく具体的に言えば、相手を「許す」こと。ドラマ『綺麗なお姉さん』で繰り返し流れる "Stand by Your Man" の歌詞にあるように、「理解できなくても許す」「愛があるなら許す」ことである(1章5を参照)。

3　自立とは

自立への希求

　ジナが、米国へ行くことを拒否した理由は、よくわからない。地球の果てでもない米国であり、韓国からそれほど遠くはないから、行ったり来たりは可能であ

る。しかも永住ではなく転勤である。セクハラ裁判は海外からでも可能だし、自分がいないと困るような職場でもない。急な話で困るなら後から追いかけることもできる。

ジナが、渡米か別離かの二者択一ではなく、なぜ臨機応変に考えようとしなかったのか不可解である。

ジュニに対しては、「以前だったら、今すぐ行こうと言われてもうなずいていたと思う。でも、今の私は成長した。ジュニが私を大人にしてくれた」と語ったが、渡米しないことが成長の証だというのは説明になっていない。もう大人になったから逃げ出さないと言いたいのだろうが、ジナの母から人格を否定されたジュニのつらさへの思いやりは脇へ置いている感がある。

ジュニの姉に対しては、もう少し本音に近いことを説明している。「私もジュニといっしょに暮らしたい。この状況から逃げ出してしまいたい。でも私は予想以上に自分勝手みたい。表向きはジュニを傷つけたくないと言いわけしながら、自分の利益を考えていた。やり残したことは多い。すべてを捨ててついていく気はない。今までどおり、恋愛しながら、私がやりたいことも続けていくつもり。ずるい人間でしょ」。

ここでおぼろげに読み取れるのが、ジナの「自立」への希求である。ただし「やり残したこと」「やりたいこと」が何なのかは、判然としない。ジナがやっていたのはセクハラ裁判と会社の日常業務だけである。

自立への模索

　気まずい別れ方をしてから3年後、弟スンホの結婚式で、新郎の友人として出席したジュニは、幸せではなさそうなジナの姿を見かけても、目を合わせようとせず、胸の痛みを押し殺すかのように無視する。

　ジナは、ジュニの姿を見ただけで「忘れたと思っていたのに……」と動揺し、彼への想いを断ち切れないでいる自分に気づく。そしてジナは、別れてからの3年間、自分がどう過ごしてきたかを振り返ったと思われる。倉庫の仕事は単調で、惰性で業務をこなしている。物理的には親から離れて暮らしているが、母親の希望に合致する相手と交際しており、母親からは、条件のよい人だから早く結婚しなさいと急かされている。精神的に自立したとは思えない。

　そこでジナは人生をリセットする決心をする。ジュニとの再会後ほどなく会社を退職し、付き合っていたビジネスマンと別れる。アパートは解約して済州島に移住し、元同僚が始めたカフェを手伝うことにする。

　40歳を目前にした娘の決断を告げられた両親は激しく後悔する。父親は「そっとしておけば、いまごろは結婚してただろうに。いくら親だと言っても、わが子に干渉し過ぎた」と悔いる。ジュニとの交際を絶対に認めず暴言を吐き続けた母親は、「私に対する仕返し?」とまで言い出す。

　ジナは、「母さんへの怒りが消えたと言ったら嘘に

なる。ジュニ姉弟が負った傷は癒せない。謝罪の一言すら言えなかった」と正直に語り、結婚は当分、考えないことも宣言する。そして「母さんが言うとおり、私はもう若くない。だからこそ、自分の足で立って生きていきたい」と説明する。

「自立」と「自律」

「ジリツ」には、「自立」「自律」の2種類の漢字表記がある。

「自立」は、ジナが両親に語ったように、「自分の足で立つこと」である。「ひとりだち」「他の援助や支配を受けず、自分の力で判断したり身を立てたりすること」を意味する(『広辞苑』第7版)。英語なら independence が該当する。

「自律」は、「自分の行為を主体的に規制すること。外部からの支配や制御から脱して、自身の立てた規範に従って行動すること」(前掲書)。外国語教育では、「自律した学習者」(autonomous learner)が成果を上げるとされる。自らの学習に責任を持ち、自分に合った学習方策を自身で模索することで外国語習得を達成することが可能になる。

興味深いのは、自律性(autonomy)の涵養には、他の学習者と共に学ぶ「協同学習」が効果を上げる点である。これは、『雪の女王』に登場した老数学者の言葉「ある時は一人で、ある時は共に」を彷彿とさせる。

女性としての「自立」をめざしたジナの姿を見ていると、「自立」を狭く考え過ぎているような印象を持つ。40歳近くになっての親離れは遅過ぎるくらいであるが、「自立」は必ずしもひとりだけで闘うことを意味するのではない。どんなに強そうにしている人でも、どこかに弱い面がある。人間は誰しも弱い存在である。だったら自立しつつも、ある時は共に悩んだり考えたりして支え合うのが自然なのではないか。

支え合う「自立」

　『愛の不時着』のセリは、経済的にも精神的にも「自立」した女性であるが、たった独りで闘う毎日で、食事も孤食が多い。1歳の時に財閥の父親に引き取られた婚外子で、家庭での居場所がない。仕事で見せる強気な面と裏腹に、不眠症や食欲不振で鬱にもなり自殺を考えるほど孤独であった。

　それが北に不時着してからは、かくまってくれるジョンヒョクのおかげで、なんでもよく食べよく眠る生活になった。銃撃からセリを守り自分は撃たれてしまったジョンヒョクが意識不明で眠っている枕元で、セリは独白する。

　「私には自分しかいなかった。誰もいなかった。でも、あなたは私と向き合って、私の話を聞いて、私を見て、笑ってくれた。私との約束……契約書も

ないのに最後まで果たしてくれた。私を守ったりすること……あなたは全部してくれた。私にはあなたがいてくれた……」

ソウルでは、2人の立場が逆転する。北から南にやってきたジョンヒョクをセリは助け、守ろうとする。自分が無事に南へ戻れるよう彼が命をかけて守ってくれたように、自分も彼が北へ戻れるよう守ろうと行動する。

自分の足で立つことは、誰にとっても必須である。ただ、何らかの理由でひとりでは生きられない時もあるし、支えが欠かせない立場におかれている人もいる。誰かと助け合うことが「自立」を阻害することにはならないし、精神的な自立は可能である。お互いさまで、助けられる時に助け、助けが必要な時は助けてもらうのでよいのではないか。

女性にとっても男性にとっても、人間としての尊厳と自由を守るために「自立」は不可欠である。

しかし、ひとりでそれをまっとうしようと孤軍奮闘しなくてもよいのかもしれない。自分が大切に思い、自分のことを大切に思ってくれる「誰か」と手を携えて、柔軟に、しなやかに、それぞれが個としての自立を獲得する。それでよいのではないか。

ここまで、ジェンダー・コミュニケーションから自

立の問題へと論を進めてきた。ここからは米国における女性の自立を概観し、日本の現状を省察してみたい。

▍ 4 ギンスバーグ判事と女性の自立

　女性の「自立」を大切に考え、そのために一生をかけたギンスバーグ（Ruth Bader Ginsburg）合衆国最高裁判所判事は、信念を貫き通す強さと、その信念を成就するためのしなやかさを併せ持っていた。

　1933 年ニューヨーク州ブルックリン生まれ、両親はユダヤ系の移民であった。1993 年、史上 2 人目の女性最高裁判事として民主党のクリントン大統領が指名した。それ以降、2020 年 9 月 18 日に亡くなるまで、リベラル派の判事として尊敬を集めた。

　米国で Justice Ginsburg は、RBG として知られていた。ファーストネームの Ruth、旧姓の Bader、結婚後の姓である Ginsburg の頭文字である。

　夫は、Martin Ginsburg で、Marty と呼ばれていた。2 人を取り上げる際は、「ルース」と「マーティ」を使用する。

　RBG の生涯を描いた映画が *On the Basis of Sex* である。実話に基づいたこの映画は、ルースの生き方と人となりを理解するには最適で、映像の力を感じさせる。同年には、ドキュメンタリー映画 *RBG* も公開された。2 作品を通して、米国における女性の権利擁護の法廷闘争について紹介する。

法科大学院に入学した女子学生

映画は、1956年 Harvard Law School の入学式から始まる。500人超の学生に対し、女性は9人であった。女性入学者は研究科長宅での女子学生対象の歓迎会に招かれる。研究科長は挨拶で「女性が法科大学院に入学を許されるようになって今年で6年目です。今夜は、1人ずつ自己紹介をして、男性の座を奪ってまで入学した理由を話してください」と述べる。

1位の成績で入学したルースが、「夫のマーティンが法科大学院の2年です。私が入学した理由は、夫を理解できる良き妻になるためです」と答えると、笑いが起き、研究科長は渋い顔をして黙ってしまう。

帰宅したルースは、「女子学生を笑い者にした！」とマーティに怒りをぶつける。マーティは、「君は最も優秀な学生だし、猛勉強家だ。積極的に発言しろ。人より目立て」と助言する。ルースが「目立つ者の失敗は大きく見える」と反論すると「君は運がいいよ。すごく小柄だから目立たない」とユーモアで切り返してルースを笑わせる。

マーティはコーネル大学時代にルースをみそめ、友人に頼んで出会う機会を作ってもらい、交際を始める。ルースが卒業した1954年に結婚し、1955年には長女が生まれる。ルースは、マーティが在籍しているハーバード大学法科大学院に入学する。

ところがマーティはがんになり、手術や治療が続く

ことになってしまう。生存率5％と医師から聞いてさすがに落ち込んでいる夫にルースは、「絶対に諦めない。勉強も仕事も。娘もいる。弁護士になるの。いっしょに生きるのよ！」と励ます。娘の育児と夫の介護をしながら、大学院では夫の授業にも代理出席してノートを取り、概要をマーティに聞かせる。

　ある日の授業で、教授が「裁定は天気には左右されないが、時代の空気には左右される」と講義する。この時の講義内容をルースはずっと記憶しており、のちに女性差別撤廃で初勝利となった訴訟での弁論に使う。

家庭とキャリアの両立

　病から回復した夫マーティは、法科大学院を卒業すると、ニューヨークにある法律事務所に職を得る。ところがルースはまだ在学中で、同行すると通学できない。しかし別々に生活すれば育児が問題となるし、マーティの健康管理もある。そこでハーバード大学の研究科長に移籍希望を伝えるが、猛反対される。

　それでもルースは家族3人が共に暮らす選択を貫き、ニューヨーク市内にある Columbia Law School に移る。ここでのルースの判断は、自分のキャリア重視ではなく、「2人いっしょ」を最優先させている。

　人見知りするルースに対し、マーティは外交的で明るい。家庭でも、真面目なルースとユーモアのあるマーティの組み合わせで、娘と息子を育てる。料理が苦

手なルースは食事作りをマーティに任せ、家庭内での役割分担は固定観念にとらわれず柔軟である。互いに補い合う絶妙な関係は、マーティが2010年、56回目の結婚記念日の数日前に亡くなるまで続いた。晩年のルースは取材に答え、「自分の人生にとって最も幸福だったことは、マーティンという伴侶を得たことでした」と語っている。

男性社会の法曹界

ルースは首席で法科大学院を卒業したものの、法律事務所はどこも採用してくれない。1959年、ニューヨークの法律事務所での面接。

面接者「首席で卒業ですか。しかもハーバードとコロンビア。前代未聞だ。で、何社、受けました？　全部落ちたんでしょ？　10社？」

ルース「12社です」

面接者「女で、子持ちで、ユダヤ系じゃ、よく面接にこぎつけた」

ルース「秘書の面接と間違われたり、女は感情的になるとか、首席だなんて男勝りで冷たいだろうとか、2人目を産むつもりかとか……」

面接者「そんなに言われて悔しいでしょう」

ルース「母から感情的にならないよう教わりました。私は弁護士になりたいんです。依頼人のために法

廷で正義を問いたいんです」

　理解を示したように聞いていた面接者は、「うちの
事務所は家族的な雰囲気でね。あなたを採用すると奥
さんたちが嫉妬しそうだから、申し訳ないけど……」。
結局、採用にはならなかった。

　しかし、Rutgers Law School から、教授が急に退職
して後任を探しているが、黒人の候補がいないから女
性でもかまわない、と声がかかり、ルースは教授とし
て「性差別と法」の授業を担当するようになる。

娘の反発

　娘のジェーンは高校生になると、フェミニズム運動
を主導していたスタイネム（Gloria Steinem）に傾倒し、
抗議デモに参加するようになる。危ないからやめるよ
う注意する母親に対し、「議論してるだけじゃダメで、
行動が大事なのよ。ママなんか理屈をこね回している
だけじゃん」と反発する。映画『アラバマ物語』に登
場する弁護士が殺人を隠蔽した点を批判したルースと
言い争いになったときは、マーティが乗り出す。

　「ママは頭がいいことをひけらかして私をバカにす
る！」と訴える娘に対し、マーティは「君のおばあち
ゃんが亡くなったのは、ママが君くらいの年だった。
亡くなるまで、ママと２人で本を読んでは議論して
『すべてに疑問を持て』とママに教えた。ママは、そ

れを君に教えようとしているんだ」と諭す。

ルースは、その後、娘を伴い、公民権運動で著名な弁護士ケニオン（Dorothy Kenyon）に会いに行く。ルースは「社会が変化したら法律も変わらなければならない」と法廷闘争についての助言を求めるが、「あなたは大学教授よね。頭でっかちのバカ。法廷に女性の権利はないのよ」と突っぱねられる。陪審員が男性だけなのは憲法違反だと法廷闘争をしてきたケニオンは、女性の権利擁護を求め続け、「法が男女を差別すれば男女は平等になれない」と訴えるが、裁判官は「男女は平等ではない」「女性差別は合法」と裁定して敗訴しており、その苦い経験がルースに投げた一言にこめられている。

しかし、一昔前の世代とは異なる娘ジェーンの言動から、ルースは米国社会が確実に変化していることを悟る。これは後の法廷で生きる。

ちなみにジェーンは長じて、両親の母校であるハーバード大学法科大学院に進み、母ルースが初の女性教授となったコロンビア大学法科大学院の教授となった。

「性差別は違憲」で勝訴

ルースはやがてアメリカ自由人権協会（ACLU）の法律顧問を務め、憲法修正第14条をもとに性差別の法律は憲法違反との判決を勝ち取り、一躍その名を知られるようになる。

歴史的な勝訴となった訴訟を最初に見つけてルース
に知らせたのは、マーティである。専門である税法で、
親の介護費用の控除を却下した国税庁を男性が訴えた
訴訟を見つけた。控除の対象が女性だけで、性差別に
つながるこの税法を憲法違反だと認めさせれば、先例
になる。男性も女性にとっても、性差別のシステムを
崩せる、と2人は意見が一致し、共に上訴することを
決意する。

　協力を求められたACLUの責任者は、あのケニオ
ンでさえ性差別の法廷闘争には勝てなかった、正義だ
けじゃ勝てないと消極的だったが、「これは50年戦争
だぞ」と言いながらも協力する。

「社会は変化している」

　「チャールズ・モリッツ対国税長官」[注3]の訴訟では、
マーティの次に弁論したルースが、判事からの質問に
答えた3分間が圧巻であった。

　国税庁側の弁護団が準備した187の判例リストを活
用したのである。相手側が「このように長年の先例が
ある法律を変えることは、radical social change（過激
な社会変革）であり、米国の家庭という伝統を崩し社
会を混乱させる」と論じたのに対し、「過激な社会変
革」という表現を繰り返し、「女性差別の法律は100
年前から同じです。『過激な社会変革』とおっしゃい
ますが、社会はすでに変化しています。文化も伝統も

道徳観も変化しています。今、ここで争っているのは負の遺産です。時代遅れになる前に、先例を作ってください。私たち原告側は、男性も含めてすべての介護者を保護してほしいと要求しているのです。私たちは国に変化してほしいと言っているのではありません。国はすでに変化しています。国が変化する権利を法廷に守ってほしいと言っているのです」。

「子どもたちは法律に縛られます。性差別で機会が奪われてしまいます。法律での差別を認めているからです。そのような法律は1つずつ変えていかなければなりません。手始めとなる先例を作ってください。判事の皆さんは、この誤りを正せます(You can right this wrong.)」

終わると、裁判所の外でマーティは、ルースの感動的な弁論を称えて"You did it!"(君、やったね!)。するとルースは、主語を一人称から二人称の we に変え、"We did it!"(私たち、やったわね!)と、2人の共闘であることを明確にしたのであった。

この裁判での判決は、全員一致で前判決を破棄し、チャールズ・モリッツに介護費用の控除を認めた。男女の別なく介護費用の控除が認められた画期的な勝訴であり、このあと、さまざまな法律が改正され、男女平等が実現する嚆矢(こうし)となった。

論理性と柔軟性の法廷コミュニケーション

　法律解釈で女性の権利を護ろうとするギンスバーグ判事の戦略は、常に緻密な論理に基づいており、女性が差別されていることは男性の権利も侵害することになると訴え、勝訴するようになった。保守派の判事の理解を得られるよう、時に妥協もしながら、信念を貫いた。

　ギンスバーグ判事は饒舌ではなかったが、法廷におけるコミュニケーションは、冷静な論理が貫いていた。その法解釈は、決して頑なではなく柔軟で、発想が独創的であったことから、dynamic wisdom（ダイナミックな英知）と呼ばれた。

　ギンスバーグ判事がよく使った "I dissent." は RBG を象徴する言葉として有名になった。動詞の dissent は「反対する、反対意見を言う」、名詞は「反対、抗議、異議申し立て」だが、米国の法律用語では「判事による反対意見書」を指す。write a dissent で「反対意見書を書く」である。

　ギンスバーグ判事は、dissent（異議申し立て）の意義を次のように語っている。

　　Dissents speak to a future age.
　　So, that's the dissenter's hope:
　　That they are writing not for today, but for tomorrow.

「判事の反対意見書」は、未来に向けて語ります。

それが、反対意見を表明した判事の希望なのです。

判事は、今日のために反対意見書を書いているのではなく、明日のために書いているのです。（筆者訳）

日本の女性たち

翻って日本を見ると、男女の平等は戦後の憲法で明記されており、男女雇用機会均等法も制定されている。しかし、世界経済フォーラムが発表した「グローバル・ジェンダー・ギャップ・リポート 2021」では、1位アイスランド、2位フィンランド、3位ノルウェーと女性が首相の国々が並んだなかで、日本は 156 か国中、120 位である。

加えて、国連女性差別撤廃委員会から、日本は何度も勧告を受けている。改善すべき事柄として挙げられているのは、「伝統的な女性観」「男女の役割に関する強い固定観念」「性差別的な発言」「女性に対する暴力」「多くの女性が夫の姓を選択せざるをえないこと」「公的機関、議会、民間組織の指導的地位への女性の参画が不十分」などであり、日本のメディアや教科書などが、男女の役割意識を固定化する影響を与えていると警告している。

これらを改善するには、時代に合わせた意識改革が必須であり、そのためには、ギンズバーグ判事が母親から教えられ守ったように、「すべてに疑問を持つ」

こと、そして「声を上げる」ことが欠かせない。

　それが可能になるような社会を構築していくことは、明日へ向けての私たち大人の責務であろう。

4

言語、権力、アイデンティティ

1 コミュニケーションを左右する「象徴的な力」

権力の存在

言語がコミュニケーションに使われる際に、文化と同じくらい大きな影響を及ぼすのが「権力」である。権力には、国家権力、組織内の権力関係、社会的な階層や日常的な上下関係が生む力関係など、さまざまな形態がある。

ブルデュー（Pierre Bourdieu）は、コミュニケーションとして言語がやりとりされる際には、そこに参加している個人や集団のあいだに権力関係が介在することを社会学の視点から説いている。

話し手は社会的存在であり、対話は社会的空間のなかで行われる。したがって、コミュニケーションを考える際には、言語だけでなく、その言語行為に参加している話者や集団の関係性に光を当てる必要がある。

特に「権力」は、目に見える形で上から下へ圧力がかかるだけでなく、目に見えない形で行使されることがあるので、社会およびその構成員に影響を及ぼす「象徴的な力」を無視することはできない。

本章では、明示的な権力と象徴的な権力がどのように社会や言語にかかわるかを、ドラマを通して検証してみる。

韓国の財閥

韓国ドラマでは、財閥の登場が多い。それだけ韓国社会で財閥の存在が大きいということであろう。財閥は最高権力者の意向ですべてが動き、権力闘争や相続争いが熾烈である。株式の保有率を巡る骨肉の争いは、『愛の不時着』『Secret Garden』『黄金の私の人生』で描かれている。『梨泰院クラス』『相続者たち』では、後継者である長男が圧倒的優位に立ち、婚外子の次男が家庭内で差別されている様子が登場する。

後継者への教育について取り上げた映画に『百万長者の初恋』がある。財閥会長が急死し、孫である高校3年生が遺産を相続することになる。しかし相続には条件がついていた。ソウルから離れたある農村の高校を卒業することである。孫は幼いころに両親を亡くし、今では手に負えない不良である。片田舎の学校への転校などまっぴらで、暴力沙汰を起こして退学処分になろうとするが、そんな自分を責めようともせず接してくれる村の人たちから初めて人間の温かさを学び、徐々に変わっていく。親のいない子どものための施設を支援するミュージカルへの参加も拒否していたが、卒業するには必須の行事であるため仕方なく付き合う。

そのうち祖父の財閥が、財政的な理由で施設を閉鎖しようとしていることを知る。なんとか救いたいと故会長の秘書に相談するが、唯一の道は、相続を辞退する代わりに遺産の1％を現金で受け取ることだと判明

する。そこで孫は、相続を断念して施設を存続させる道を選ぶ。無事に卒業式を迎えると、会長秘書が祝いの花束を手に現れ「4月から後継者になっていただきます」と告げる。冗談だと思った孫に対し秘書は、会長の遺言にはもう一つ別の条件があったと明かす。それは「すべてを投げ出すことができたら、すべてを守ることができる」というものであった。

このような教育的配慮は、ほかのドラマではあまり見られない。『相続者たち』に登場する財閥は正反対である。一流ホテルを経営する父親が、高校生の跡取り息子と柔道をして息子に勝つ。しかし「首を絞めたのは反則だ」と抗議されると、「それが何だ。審判もいないのに正々堂々と戦っても、結局、残るのは負けたという結果だけだ」と言い放つ。反発した息子は、父親の再婚を邪魔して怒られた際に、「反則も勝負の一部で大事なのは勝敗、とにかく勝てばいいんだろ?」と言い返す。同級生に対しても「俺の試合にルールなどない」とうそぶくが、やがて反則をしないで勝てるよう柔道の練習に励み、背負い投げで父を倒す。父親は、その後、業務上背任罪の容疑で拘束される。取り調べ前に役員を通して息子に宛てたメッセージは、「ルールを守って、反則はするな」であった。

『相続者たち』の主人公キム・タンの父親は韓国随一の帝国財閥を率いており、帝国高校という有名校も擁している。大半の生徒が財閥2世か3世で、親の威

光で贅沢に暮らしているが、企業の規模や業種で暗黙の序列がある。最下位は授業料を免除されている貧しい生徒で、「特別枠」としてほかの生徒たちからいじめられる。もっとも、このドラマでは、いじめている側の生徒たちも親の生き方の被害を受けて傷を負い、心の病に苦しんでいる。母子家庭の女子生徒は、「誰もが憧れる世界で傷ついた生徒がいることを知ってから、皆を羨むことも憎むこともなくなった」と語る。

　韓国ドラマで財閥の子どもがどのように育てられているかを知ると、2014年に起きた「ナッツ姫」事件が理解できる。財閥令嬢の大韓航空副社長が、ジョン・F・ケネディ空港から仁川空港に向かう大韓航空機のファーストクラスで、マカダミアナッツを袋ごと提供されたことに激怒し、客室乗務員を怒鳴りつけて暴行し、飛行機を降りるよう命令した。そのせいで出発が遅延した事件は世界的に報道された。しかし、これは特異な例ではなく、その後も「水かけ姫」や「ミニ・ナッツ姫」など、同様のパワハラ事件が起きている。ドラマ『ピョン・ヒョクの恋』でも、飛行機内で暴れる財閥2世が登場する。

　財閥2世は、親から与えられた身分と財産を自分が使うのは当然であり、ほかの階層とは違う特別な存在だと考えるように育てられている。『雪の女王』の令嬢も、父親の経営するデパートで気に入らない店員を怒鳴り解雇するなど、日常茶飯事であった。『梨泰院

クラス』の財閥2世も、同級生を使用人のようにこき使い暴行を加えていたが、学校も親もそれを黙認している。「親が金持ちというだけの世間知らず」と啖呵を切るのは、キム・サムスンやキル・ライム(『Secret Garden』)などの女性たちである。仕事と割り切って淡々と対応しながら、度を越した振る舞いに対しては注意するハン・テウン(『雪の女王』)のような存在は珍しいのかもしれない。ふつうは、自分と家族の生活を守るには黙って耐えるほかない。

韓国社会を動かしている財閥の強大な権力は現実のものであるが、特権階級としての言動には象徴的な力が透けて見える。

アイデンティティ

「権力」に加えて、人間の言語行為を考えるうえで「アイデンティティ」も看過できない要素である。

英語の identity の原義は「身元、素性」であり、身分証明書は identity card である。そこから「独自性」、「同一性」などの意味もある。

エリクソン(Erik H. Erikson)による identity crisis(アイデンティティの危機)をふまえれば、identity は「自我同一性」となる。社会的アイデンティティ(social identity)の文脈なら、人種、民族、地域、性別、組織、階級、職業などへの帰属意識を指すことになる。

社会で言語がどのように「象徴的な力」として機能

しているかを見る際に、「アイデンティティ」は避けて通れない問題である。次項では、「英語帝国主義」というレンズを通して権力とアイデンティティの問題を韓国ドラマから探ってみる。次に、「植民地における言語」「少数言語」「言語とアイデンティティ」の諸相について、カナダと英国のドラマ、スペインの映画を事例として、考えてみたい。

2　英語帝国主義

帝国主義と言語

　「英語帝国主義」という用語は、勢力圏拡大をめざす帝国主義の列強が他国を征服し「植民地」として支配した歴史をふまえ、英語に支配されている21世紀の言語状況を指している。

　19世紀末から20世紀に植民地を所有した帝国主義列強の多くは、植民地政策において現地の言語を禁止し、宗主国の言語を強制した。植民地が独立を獲得しても、宗主国の言語を公用語もしくは共通語として使い続けるなどの形で、帝国主義列強の言語は遺産として残っている。

　ギニアから韓国にやってきた青年が、英語は話せないけれどフランス語は堪能であることが『梨泰院クラス』に登場する。なぜフランス語ができるのかは、ギニアがかつてフランスの植民地であったことを知らないとわからない。

米国ドラマ *Emily in Paris* で描かれているフランス人のフランス語に対する強い誇りは、フランス語がかつて国際語であったことを知らないと理解できない。

　トルストイの『戦争と平和』にもフランス語が登場する。ニコライ皇帝時代のロシア政府や軍隊にはヨーロッパ各地から人材が集まり、それぞれの母語で議論するなど多言語使用であった。さらに当時のロシア貴族は、教養の象徴としてフランス語を日常的に使っていたことも描写されている。トルストイ自身が伯爵家出身でロシア語とフランス語の二言語話者であり、貴族の会話場面の多くをフランス語で書いている。ロシア語とフランス語を混ぜたり切り替えたりする会話や、ナポレオン進攻でフランス語が「敵の言語」となり、使用を自粛する動きに戸惑う貴族の様子が描かれている。

　外交においてフランス語が共通語であったことは、いまだに英語でも、coup d'état（クーデター）、commuiqué（公式声明）、détente（緊張緩和）など、フランス語由来の用語が使われていることに見られる。

　その地位が崩れたのは、1919 年のパリ講和会議であった。第一次世界大戦の終戦処理のため各国首脳が集まったが、ウィルソン（T. Woodrow Wilson）米国大統領とロイド・ジョージ（D. Lloyd George）英国首相がフランス語を話さないため、やむをえず英語ーフランス語間の通訳者が仲介した。これが会議通訳の始ま

りとなり、同時に外交においても英語が主導権を握ることになった。国際共通語というものが、世界における国家の権力関係を反映している事例のひとつである。

　第二次世界大戦後の世界はグローバル化が進み、国境を越えての移動や情報拡散が急増した結果、世界の多言語化がある一方で、国際共通語である英語が必須であるとの言説により、国家として英語教育を推進し、個人レベルでも英語学習に取り組むなどの現象が日本に限らず、各国で見られる。そのような英語支配により、言語と文化の画一化や、他言語の衰退による絶滅の危機に加え、社会における英語話者の優位という階層化と英語格差(English Divide)が生まれ、経済格差や情報格差を加速している。

　このような「英語支配」現象を指して「英語帝国主義」と呼ぶ。

英語支配という現象

　「英語帝国主義」の実態は、ドラマで垣間見ることができる。特に韓国の映画やドラマは世界を意識しているのか、英語タイトルが用意されていたり、何らかの形で外国が登場することが多い。『愛の不時着』ではスイス、『未生(ミセン)』は総合商社が舞台なので多くの言語で仕事をしており、中東で奮闘する商社マンも描かれる。『Ireland』では北アイルランド、『雪の女王』や『黄金の私の人生』はフィンランド、『アルハンブ

ラ宮殿の思い出』はスペインのグラナダ、『Start-Up』
は米国シリコンバレー、『トッケビ』はカナダ、『相続
者たち』は米国ロスアンジェルス、『太陽の末裔』で
は中東など。

　これは韓国の「文化政策」が影響しているのかもし
れないと考え、調べてみると、1998年に金大中大統
領が「文化は21世紀の基幹産業になる」として、政
府主導でコンテンツ産業育成に着手したとの報道があ
った。特に、民間では長期的な人材育成が難しいこと
から、多くの大学に映像を専門にする学部・学科を創
設した。『愛の不時着』主演のヒョンビンは韓国の中
央大学演劇映画学部演劇科を卒業し大学院に進学。ソ
ン・イェジンはソウル芸術大学映画科卒業である。韓
国映画アカデミーは授業料免除で優秀な人材を育成し
ており、『パラサイト――半地下の家族』のポン・ジ
ュノ監督などを輩出した。

　この文化政策により、2000年には前年に比べ45％
増の予算があてられた。2017年度、韓国の文化予算
額は2821億円で政府予算の1.05％であり、フランス
の0.88％、日本の0.11％を上回っている。コンクー
ルで選出された監督・プロデューサー・脚本家・制作
会社を組み合わせる制度を助成している。海外との連
携も積極的に推進している。音楽産業ではBTSの国
際的活躍がめざましいが、韓国のドラマや映画が世界
中で人気となっているのも、文化政策の成果であろう。

英語が出てくるドラマ

英語が出てくる映像作品もかなりある。

映画では『Late Autumn 晩秋』。舞台が米国なので、主演のヒョンビンも英語の台詞（せりふ）が多い。ドラマ『ジキルとハイドに恋した私』では、米国から心理学者が招かれ解離性同一性障害について所見を英語で述べ、財閥会長の秘書が通訳する。『私の名前はキム・サムスン』で財閥御曹司が、英語－コリア語の医療通訳をしたり、恋敵の米国人を追い払おうと中国旅行を英語で提案する場面もある。『Mr. Sunshine』の主人公は、韓国系アメリカ人なので英語が主である。

英語で話すことを拒否する女子ゴルファーが登場するのは『Run On』。世界ランキング１位となり海外メディアの取材を受けるが、韓国語で答える。記者から「米国に住んで長いのに、なぜ通訳者を通して答えるのか？」と質問され、「英語が上手な選手ならたくさんいるけど、私はゴルフでは誰にも負けない。世界ランキング１位が韓国人なのだから、韓国語で答えていいはずでしょ」と答える。英語支配の世界で個人の言語アイデンティティを主張した稀有な例である。

ほかのドラマでは、英語の必要性を取り上げているものが多い。

飲食産業を描いた『梨泰院クラス』では、英語を話す客に店員の誰も応対できず慌てる場面がある。『未生（ミセン）』では、商社マンにとって英語は必須であり、

加えてドイツ語やロシア語などもうひとつの外国語ができることも求められる状況が描かれる。「英語ができないのにコネで入社したヤツ」と軽蔑された派遣社員が、囲碁で鍛えた知力や戦法を駆使して頭角を現し、英語ができない弱点を吹き飛ばす姿も出てくる。

『Ireland』の主人公はボディガードである。韓国でボディガードになるためには大学の警備学科で学ぶ必要があること、テコンドーや柔道、合気道のほかに、外国語として英語と日本語が必修であることがわかる。

『雪の女王』では、財閥令嬢の運転手が、米軍基地で働いて学んだ英語を生かす場面がある。不良の財閥2世が、英語のできない令嬢をバカにして英語でまくしたてた際に、「そんな品のない英語は、ニューヨークでは通じない」と英語で一喝し、令嬢を救う。

『椿の花咲く頃』では、セクハラを告発されそうになった中年男性が被害者に対してしぶしぶ謝るときに、I'm sorry. と英語を使う。母語でさえ間違える人物が突然、英語を使ったのは、謝罪するのが恥ずかしかったからのようだ。相手から「敬語でお願いします」と言われ、「英語に敬語はない」と文句を言いながら、「I'm sorry でございます」とちゃんぽんにする。

同じドラマで、過去に付き合っていた女性とのあいだに8歳の息子がいることを知った野球選手が、息子に会いに小学校を訪れる。男の子は、「なんで英語で日記を書かなきゃいけないんだよ。韓国人なのに！」

と先生に抗議しており、その姿を見た父親は「なんだ、考え方が俺と同じじゃないか」と驚く。自らのアイデンティティである母語を重視する父子と対極にあるのが野球選手の妻。ニューヨークに３か月ほど語学研修に行っただけで「私はニューヨーカー」と称し、「ジェシカ」と名乗る英語かぶれである。

『キム秘書はいったい、なぜ？』では、有能な経営者が５か国語を話すという設定で、英語も流暢である。秘書が発音やアクセントまで細かく指導されたことに礼を言うと「アクセントじゃなくて、accentだ」と最初のaを強く発音してみせる場面がある。『Secret Garden』でも同様に、コロンビア大学卒の若き実業家が英語を含め５か国語に精通している。彼を取り巻く上流階級の人々は、留学していた学歴を誇示し、互いに「留学組」だとわかると英語に切り替え、仲間意識を確認する。英語で話す必要のない状況でもあえて英語を使い英語ができない相手を圧倒する様子は、英語の持つ「象徴的な力」を示している。

『愛の不時着』にみる北朝鮮の英語事情

韓国は英語教育に熱心で、すべて英語で過ごす「英語村」を始めたほどなのは知っていたが、北朝鮮でも英語熱は高いらしいことが『愛の不時着』で描写されている。

セリは、非武装地帯近くの舎宅村を去る前、村の女

性たちに宛てたカードを庭に置かれた塩壺に入れておく。それを人民班長が発見し、仲間と集まって読むシーンがある。

仲良しの4人は、それぞれに小学生の子どもがおり、家庭教師から英会話を教わっている。エリート大学生のアルバイト教師が英語を言うと子どもたちが真似して繰り返す。

女性たちがセリを思い出している場面が、ときどき子どもたちの英会話学習場面に切り替わる。最初は何とも思わずに観ていた。次に観た時に、なぜ、ここで英会話練習なの？　と不思議に思った。そして見直していて、気づいた。母親たちのおしゃべりと子どもたちの英会話がリンクしているのだ。

セリの礼状では、自分が実は南の企業経営者で、事故で北に来てしまったことを明かしていた。事実を隠していたことを詫び、親しくなった皆への気持ちは嘘ではないとも書かれていた。本名も明かしたので、女性たちは人気の化粧品 Seri's Choice が「セリ」の名前からきていることを知り、驚きながらセリのことを話し始める。

母親たち「南から来ていた人なの!?」

子どもたち「Where are you from?（どこからいらしたのですか？）」

母親たち「無事にしているかしら」

子どもたち「How are you doing?(いかがお過ごし
　ですか?)」

　心憎い演出である。
　それにしても、北朝鮮の貧しい村で、子どもたちが
英語を習っている場面は意外であった。この子たちが
実際に英語を使うことになるかどうかはわからないが、
将来のために英語力を身につけさせたいと願う親心は、
いずこも同じであり、「英語の象徴的な力」がなせる
業であろう。
　北朝鮮の富裕層も英語に熱心なのを体現しているの
が、ジョンヒョクの婚約者の母親である。娘のダンは、
ロシア留学から帰国すると、母が経営する平壌デパー
トに叔父とやってくる。すると外国からの客がダンの
母に英語で挨拶する。それに英語で返した母親を見て、
ダンは「資本主義者の英語は嫌いだって言ってたの
に」と呆気にとられる。母が「敵を知るには、まず言
語を知らなきゃ」と説明すると、弟でダンの叔父は
「この前、外国人の集まりに行って、英語が話せなく
て恥かいたから習い始めたんだよ」と暴露する。本当
のことをばらされたダンの母は、「さっさと仕事に行
きなさい!」と弟に対し英語で、"Go right now!"。弟
は吹き出しながら姪のダンに、「この巻き舌、聞い
た?」。英語らしく発音するとキザだと笑うところや、
パーティで恥をかいて英語の必要性を知るなど、日本

の状況と似ている。ダンの母は英語を使うことが好き
で、舎宅村にやってくると"Hello, everyone!"と挨拶。
英単語をやたらに使うので、村の女性たちからは「わ
かるように言って」と嫌がられるが、いっこうに気に
しない。

ダンの母親役を演じているのは、『パラサイト——
半地下の家族』で母親役を演じたチャン・ヘジン。話
す英語は、発音明瞭で聞き取りやすい。

北朝鮮の人々の英語コンプレックスについてもドラ
マで触れられている。セリと公園を散策しようとして
警備員に「なぜ指導者バッジをつけていないのか?」
と咎められた際、詐欺師ク・スンジュンは「なんとおっ
しゃっているのかわかりません」と英語で答え、
"I'm a British diplomat."(私は英国の外交官です)と英
国のパスポートを見せる。すると英語に怖気づいた警
備員は「オーケー、オーケー」と尋問をやめて行って
しまう。セリは「英語って役に立つわね。北も南も、
みんな英語を話すのは苦手なのね」。

南北分断をテーマにした『愛の不時着』で、はから
ずも国際共通語としての英語、そして英語帝国主義の
一端も見ることができたが、描かれていたのは個々の
人間に及ぼす英語の象徴的な力である。

次に、個人を超えて、制度として、言語が国家権力
に翻弄される事例をカナダのドラマから見る。

3 「同化政策」という名の母語剥奪

ドラマにみるカナダの歴史

Anne with an 'E' は、モンゴメリー(Lucy M. Montgomery)作『赤毛のアン』をもとにしつつ、教育、表現の自由、人種やジェンダーにおける偏見と差別、経済格差などの社会問題を組み込んだ連続ドラマである[注1]。

カナダは現在、英語とフランス語を公用語としているが、2つの言語の歴史は葛藤であり闘いであった。16歳になったアンの親友ダイアナはアヴォンリー随一の名家の娘で、両親はフランス語を学ばせているが、貧しいフランス移民との交流は許さない。教養を示す象徴としてのフランス語であり、フランス語話者とコミュニケーションをはかるためのフランス語ではない、という姿勢が歴然としている。

少数言語に対する圧迫については、政府の「インディアン同化政策」により、カナダの先住民族の子どもが親から隔離され、母語の使用を禁止されて英語を強要される状況が、シーズン3で毎回のように出てくる。

カナダの同化政策

ある日、アンは森のなかでミクマク族の少女と出会う。最初は名前を聞いてみる。「名前は何？」「カクウェット」「どんな意味？」「海の星」「ヒトデのこと？

しなやかなのね」「あなたの名前は？」「アン。ただの
アン。何も意味はないの、残念ながら」。

　カクウェットに案内された集落は、籠作りで生計を
立て、狩猟で獲ったウサギや魚などを食する。住居は
樹皮と動物の皮からできている。けがをすれば蜂蜜で
治し、痛み止めには薬草を使う。自然と共生している
暮らしにアンは感銘を受け、学校新聞に「初めて訪れ
たミクマク族の村」と題する記事を載せる。

　ところが、アンがミクマク族に会ったことを知った
養母のマリラは、「インディアンのところに行ったな
んて！」と叫ぶ。Indians という言葉は、コロンブス
がアメリカ大陸を「インド」だと思い込み現地の住民
を「インド人」と呼んだことに由来し、現在では差別
用語として使われない。白人が来る前から住んでいた
ので native Americans（アメリカ先住民）と呼ぶ。しか
し、当時は先住民を「インディアン」と呼び、キリス
ト教を信仰しない「異教徒」であり、危険な savage
（「野蛮人」）だと考えていた。マリラは「脅かされなか
った？」と、本気で心配する。

　その後しばらくして、アヴォンリーの教会に役人が
やってきて、「野蛮人」の問題に対応するため、政府
が新しい寄宿学校を作ったことを告げ、「異教徒を教
育して文明化するのが目的なので、英語と文化、そし
て特に宗教を教えます」と説明する。

　学校案内のチラシを受け取った白人女性は、「キリ

スト教徒の義務として、これを地元のインディアンに知らせます」と約束する。そして、カクウェットと両親にチラシを渡す。

家族はミクマク語で話し合う。カクウェットは「街にある学校なら楽しいかも」。父親は「遠い。誰がうちの子の面倒を見るんだ？」。母親は「白人は何もかも変えた。私たちの土地も狩猟も商売も。白人のやり方を学べば、部族は助かるかもしれない」。「信用できない」と主張する父親は、チラシをくれた白人女性に「考えておきます」と英語で答える。

次の場面は、鉄道の駅。列車が停まっており、世話役の白人女性が苛立っている。「あのインディアンたち、どこに行ったのかしら？」。

親子3人は、駅にいる白人たちから白い目で見られながら、話し合っている。母親は「変化している世界について学ぶことは大事よ。そうすれば将来は安心でしょ」と夫に語り、娘には「白人と違うということに何も悪いことはない。わかった？」。カクウェットは「いつも誇り高いミクマク族でいるって約束する」。

そこへ世話役の白人女性がやってきて怒る。「あなたたちったら、時間の観念がまるでないのね！」。

「出発です。皆さん、乗ってください」とアナウンスが流れ、汽笛が鳴る。政府の役人は「別れの挨拶をして」と指示する。娘は母親に別れを告げ、父親が付き添って列車に乗ろうとする。それを、役人が止める。

「その子だけが１人で行くんです」。驚愕した父親は娘に「本当に行きたい？」と確認するが、カクウェットはうなずいて、汽車に乗り込む。茫然自失の父親に向けて白人女性が言う。「政府が一番よく知っていますよ。いつも子どもたちを連れていきますからね」。政府はこのようにして、多くの先住民の子どもたちを親から引き離したのであった。

「私はバカじゃない」

その後、アンは、寄宿学校を探してカクウェットを訪ねてみる。ところが、応対に出てきた修道女に「今は会わせられない」と追い返されてしまう。帰っていくアンの姿を２階の窓から見たカクウェットは、窓から「アン！」と叫ぶがアンには聞こえない。

本名ではなく、「ハンナ」という英語の名前をつけられたカクウェットは、「窓から離れなさい」と修道女から叱責される。「あの子は友だちです。いっしょに家に帰らせてください！」と頼むと、「英語で話しなさい！　異教徒の言葉で喋るのは禁止ですよ」と頬を叩かれる。それでも窓から離れないカクウェットに手を焼いた修道女は、神父を呼ぶ。神父は「言われたとおりにしないとは、バカなインディアン（stupid Indian）になっているのか？」。カクウェットは、「私はバカじゃありません！」とミクマク語で叫ぶが、鞭打ちの罰を受けてしまう。

194

寄宿舎での扱いに耐えきれなくなったカクウェット
は隙を見て逃げ出し、半死半生で故郷に辿り着く。と
ころが、少し前まで部族の誇りを持っていたカクウ
ェットは、話しかけてきた弟に対し「バカなインディア
ンみたいにしないで！　英語で言いなさい」と怒鳴る。
なだめようとした母親に対しても「ぜんぶお母さんの
せいよ！」「お母さんがあの学校にいかせたがったじ
ゃない！」と怒りをぶつける。そして英語に切り替え
「私は何の価値もないクズでバカだって」。

　母は、「もう、うちに帰ってきたのよ」と安心させ
ようとする。しかし、ほどなく、馬に乗った政府の職
員数人がハンナを連れ戻しに現れる。カクウェットは
「戻りません」と言うが、「選択の余地はないって、お
母さんに言いなさい」。連絡を受けた父親が駆けつけ
娘を取り戻そうとするが、銃撃され、カクウェットは
連れ去られてしまう。ほかの子どもたちにも危険が及
ぶと考えた部族は、居住地を移す。

　事態を知ったアンは養父のマシューに頼み、カクウ
ェットの両親を馬車に乗せ、寄宿学校に出向く。応対
に出た修道女は、「ハンナは大丈夫なので、お引き取
りください」の一点張り。マシューが食い下がってい
ると、男たちが出てきて「あのチビ野蛮人は、いるべ
きところにいるんだ。失せろ！」。一触即発になりか
けたところへ修道女が再び現れ、「責任者の神父が出
張中で2週間不在なので、戻ったころにいらしてくだ

さい」。両親は、敷地内にキャンプして神父の帰りを待つことに決め、マシューは収穫期で２週間も不在にできないので、アンを伴いアヴォンリーに戻る。

ところがアンとマシューが去った途端、不在だったはずの神父が、銃を構えた警官とともに現れ、カクウェットの両親に告げる。「おまえらのような輩には、同化が一番よいと政府が決めたんだ。神の御心で、インディアンは殺すが子どもは助ける。だから、出て行きなさい。子どものためなんだし、法律なんだから」。

父親は「わが子に何が最善かはわかっています」と抗議するものの、神父に「敷地内に不法侵入しているぞ。ただちに立ち退かないと逮捕する。子どもの幸せを考えたら、言うとおりにしなさい」と命じられる。両親は涙しながら「ここを出ていかないと、彼らはカクウェットを傷つけるかもしれない。近くにテントを張って、どうしたら取り戻せるか考えよう」と話し合い、「あいつらと、あいつらの法律に折れたりしない。われわれが勝つ」と誓う。

両親が近くの森にテントを張り、火をおこすと煙が立ち上る。寄宿舎の窓からはカクウェットが、その煙をじっと見つめている。

このような寄宿学校は、カナダ全土に 139 校設けられ、15 万人以上の児童・生徒が親元から強制的に引き離された。2008 年には当時のハーパー（Stephen J. Harper）首相が同化政策を謝罪しているが、2021 年 5

月には、カムループス寄宿学校(Kamloops Indian Residential School)の跡地から、3歳児を含む215人の子どもの遺骨が発見された。トルドー(Justin Trudeau)首相は、「このような真実から逃げず、わが国にこのような悲劇が存在したことを認めなければならない」と表明し、ほかの寄宿学校跡も調べるなど具体的な行動を確約した[注2]。

米国の「同化政策」

先住民に対する同化政策は、米国でも実施された。

北米に住んでいた先住民の苦難は1492年、コロンブスによる新大陸発見から始まった。南米と同じように、ヨーロッパの言語を解さず、見た目も異なる先住民は、白人の侵略者にとっては動物のように感じられたと同時に、キリスト教徒ではない異端者でもあった。先住民は武器を持ったヨーロッパ人の侵略になすすべもなく虐殺され、ヨーロッパから持ち込まれた伝染病に倒れた。

ヨーロッパ人に対して先住民が抵抗した時代もあったが、19世紀に入ると「居留地」に先住民を強制移住させる国家方針が打ち出された。

1820年代以降は、インディアン管理局(BIA)が先住民の問題を主導するようになり、非人道的な措置を実施した。とりわけ悲惨だったのは、親元から強制的に子どもを引き離した政策であった。子どもたちは、離

れた地で「教育」を受け、母語の部族語を話せば体罰
を受け、英語使用を強制された。キリスト教を教えら
れ部族の宗教は禁止された。先住民としてのアイデン
ティティを完全に否定した教育であった。

インディアンに対するアメリカ人の偏見と蔑視を変
えたとされるのが、1990年の映画 *Dances with Wolves*
である。それまでの西部劇に見られるインディアン像
と異なり、コスナー（Kevin Costner）が演じる北軍大
尉の視点から、異質な者同士の邂逅、スー族の言語と
文化、生活習慣や価値観を通して、先住民を「人間」
として描いた名作であった。

4 新大陸発見と異文化コミュニケーション

他者との遭遇

トドロフ（Tzvetan Todorov）は、『他者の記号学』で、
コロンブスによる新大陸の「発見」は、「ヨーロッパ
の歴史上もっとも驚嘆に値する他者との出会いであっ
た」と述べている。

コロンブスは、自らをコロン（Cristóbal Colón）と名
乗り、自身をキリスト教の福音伝道者であり植民地開
拓者であると認識していた。

トドロフによれば、コロンは言語の多様性を理解し
ておらず、外国語と相対した時に、2つの態度しかと
ることができなかった。「言語であることは認めるが
相違があることを信じようとしないか、あるいは相違

は認めるが言語であることを容認しない」の２つであり、1492年10月12日、彼が初めてインディオ（先住民）に出会った時の反応は後者であった。つまり、自分たちヨーロッパ人とは違うことは認めたが、先住民の言葉を言語だとは考えなかったのである。

1521年にコルテス（Hernán Cortés）が、アステカ王国を征服した遠因を、トドロフはコミュニケーション形式の違いに帰している。スペイン人は「人間対人間」のコミュニケーションに努め、インディオは「人間対世界」のコミュニケーションに努めたとの分析である。

アステカ人の生活にあって支配的な役割を演じていたのが、個人と社会集団、個人と自然界、個人と宗教的宇宙のあいだに位置する相互作用であり、兆候や前兆を通し、祭司や占い師の助けを借り、「神、自然、社会」を解き明かしていた。このような「予兆解釈の優位」は、事実に対する認識や情報収集を排除するわけではなく、その反対であるが、未発達の状態にとどまっていたのが、「記号を介しての他者への働きかけ」であった。

アボリジニー
アメリカ大陸で起こった白人による先住民の征服は、オセアニアでも太平洋諸島でも起こった。

オーストラリアでは、先住民アボリジニー（aboriginal people）の文化を継承させず、白人と同化させる目的で、子どもたちを親から強制的に引き離した歴史がある。両親も子どもも心に傷を負っただけでなく、「同化」させたあとも差別は続き、2018年のデータでオーストラリア先住民の乳幼児死亡率は、先住民以外の２倍である。平均寿命や就学率、就業率などでも格差は埋まらない。

　ただ、最近になって先住民の歴史と文化に敬意を表する象徴として、国歌の歌詞の一部を変えた。これまで、We are young and free.（私たちは若くて自由）だった歌詞を We are one and free.（私たちは一つで自由）に変更したのである。

　オーストラリアは、英国王（女王）を元首としており、1901年のオーストラリア連邦成立以来、UK（連合王国）で歌われている "God Save the Queen/King" を国歌としてきたが、1984年に現在の国歌 "Advance Australia Fair" に変えた。ところが、その歌詞は1788年の英国入植以降の歴史を反映し、young（若い）となっており、６万５千年以上前から住んでいる先住民にとっては、受け入れがたい表現であった。そこで歌詞を変えようという運動が2006年から始まっており、それが実ったことになる。

　オーストラリアの先住民には、250以上の言語があり、その言語で国歌を斉唱しようという動きも出ている。2020年12月、ラグビーの対アルゼンチン戦では、

先住民の高校生とオーストラリア代表選手が、先住民の「エオラ語」で国歌を歌った。その1か月後に、新しい英語の歌詞が実現したことになる。

ただ、先住民の声を反映させる組織作りなどを憲法で認めるまでには、長い道のりになりそうである。

マオリ

ニュージーランドの先住民族はマオリである。ポリネシアからカヌーで来たとされる。1642年にオランダの探検家タスマン（Abel J. Tasman）が訪れ、1769〜70年には、イギリス海軍士官であり探検家のクック船長（Captain James Cook）が来訪しニュージーランドの地図を作製した。1840年、英国王とマオリの間でワイタンギ条約（Treaty of Waitangi）が結ばれ、ニュージーランドは大英帝国の植民地となった。

英語を話すマオリが増えるにつれマオリ語話者が減り、マオリの伝統が消滅しかけた。そこで、マオリの言語と文化を保護する施策が講じられた。1987年にはマオリ語が第二の公用語と定められ、現在は、英語に加えマオリ語と手話が公用語である。国歌をマオリ語でも斉唱するだけでなく、大学ではマオリの言語と文化に関する講義が導入されている。

マオリ語の復権を見ると、言語が民族の尊厳にいかに深く結びついているかを改めて認識する。

言語と「帝国」

トドロフは、「言語は常に帝国の伴侶であった」との言葉を紹介している。同時に白人に限らず人間一般の特性として、「異邦人にたいする最初のすなおな反応は、私たちと異なっているから劣っていると想像することである。これは人間ではない、人間だとしても、下等な野蛮人だ。彼が私たちの言葉を話さないのは、コロンもそう考えていたように、彼がどんな言葉も話さないからだし、そもそも話すことができないからだ」と述べ、「あらゆる国民がもつ隣国人にたいする軽蔑の念をアステカ人もまたもっており、文化的あるいは地理的にもっとも遠く離れた者たちは生贄にはならず、食用にも適さない、と見なしている（生贄にされる者は異邦人であると同時に尊敬される者、すなわち実際には近隣の部族民でなければならない）」と解説している。

「あらゆる国民がもつ隣国人にたいする軽蔑の念」とのトドロフの指摘は、新大陸で起こった出来事にとどまらず、現代の世界でも見られる現象なだけに、重くのしかかる。

強大なアステカ王国がコルテスに敗れた原因としてトドロフは、次のように分析している。モクテスマ王にとって、ほかの部族とは差異はあってもアステカ世界内部の階級制度に吸収され、絶対的な違和感は存在しなかった。ところがスペイン人の異質性は根本的で

202

あり、王は人間的なレベルの他者性の体系に組み込むことを断念してしまった。その点ではコロンもアステカ人と同様に、他者を異なった人間として見ることができず、インディオを動物扱いしたが、アステカ人は、人間相互の次元を切り捨て、スペイン人を神と考え、自らを無力化した。その誤りに気づいた時には、新大陸はヨーロッパの支配下に置かれてしまっていた。

　他者を自分と対等であると同時に異なる存在であると認めることが、人間にとって、どれだけ大切なことであるか、しかしどれだけ難しいことかを突きつけられる歴史である。

▌5　言語とアイデンティティ

　少数言語をめぐる闘いは、現在も世界各地で見られる。それは多くの場合、政治や経済の面での独立という目標が前面に出るが、深層に横たわるのは自らの言語と文化を守ろうとするアイデンティティである。

スペイン映画にみる言語とアイデンティティ

　スペインでも、カタルーニャ、バスク、ガリシアなどの地域で自らの言語アイデンティティを守る闘いが続けられている。

　2014年のスペイン映画 *Ocho Apellidos Vascos*（バスクの8つの苗字）は、バスク人の女性が、結婚式直前に婚約者に逃げられてしまい、代役のアンダルシア人

の男性が、女性の父親の前でバスク人らしく振る舞う、ラブ・コメディである。

続編 *Ocho Apellidos Catalanes*（カタルーニャの8つの苗字）では、娘がカタルーニャ人と結婚するのを阻止しようと乗り出した父親が、娘の元恋人であるアンダルシア人を巻き込む。

バスクも独立運動をしており、バスク人の父親は、マドリード駅で乗り換えるのを拒否するほどのスペイン政府嫌いである。カタルーニャが共和国として独立したつもりの祝典を見て「独立するのはバスクが先だ」と対抗心をむき出しにする。主人公のアンダルシア人がカタルーニャでどうしているかを心配してやってきた友だち2人は、広場で「カタルーニャ共和国独立祝賀式典」の垂れ幕を見て、「カタルーニャ共和国？　独立してたのか？」「スペインを騙して攻撃する気だから、今すぐ逃げないと危ないかも」と話し合う。カタルーニャ人にとってカタルーニャ語はアイデンティティそのものであるので、「カタルーニャ語がわからない方のためにカスティーリャ語（スペイン語）で話します」とあえて言ったりする。

スペインは多言語国家であり、地域ナショナリズム運動と、カタルーニャ語、バスク語、ガリシア語などの地域言語が連動している。20世紀に入っての独裁体制でカスティーリャの言語が公的に使用される言語（スペイン語）と定められたが、1978年制定の現行憲

法では、地域言語を自治憲章で公用語として定めることを認めている。

　地域言語回復の運動を先導してきたのはカタルーニャ自治州である。1979 年の自治憲章でカタルーニャ語とカスティーリャ語の両方を公用語として定め、これは教育にも反映されている。

　カタルーニャでは中央からの分離独立をめざす運動が盛んであり、2017 年の住民投票では、独立賛成票が 9 割を占め、自治州政府が一方的に独立を宣言した。2015 年の映画で「カタルーニャ共和国独立」が登場するのは、荒唐無稽ではない。ただし、スペイン政府は住民投票を認めず阻止したため、投票率は 4 割であった。

　カタルーニャ自治州のバルセロナは、サグラダ・ファミリアなどガウディの建築が有名で、FC バルセロナの拠点でもあることから、観光収入が多い。スペイン中央政府は経済的にも、カタルーニャの独立を認めるわけにはいかない。2021 年 2 月 14 日にはカタルーニャ自治州議会選挙の投開票があり、独立派の 3 党が定数 135 のうち 74 議席を獲得し過半数を維持した。独立に向けた路線の違いがあることから、すぐに独立運動が激化することはない見込みだが、独立への動きが消滅することもないであろう。

　2015 年映画のラストシーンでは、車がバスクに向かって走っている。運転しているのはバスク人の父親。

後部座席には、出産間近の娘とアンダルシア人の夫。ところがバスクに入る前に娘が産気づいてしまう。父親は、初孫をスペイン人にしたくないと猛スピードで車を走らせる。しかし間に合わなくなり停車せざるをえなくなると車外に飛び出し、「ここからバスク」と書かれた標識を車のところまで運んでしまう。そして孫は無事に「バスクで誕生」となり、スペイン人ではなく「バスク人」になったのであった。

アイデンティティとしての「姓名」

スペイン映画にみるバスク人とカタルーニャ人の強烈な誇りは、映画の題名に表れている。Ocho Apellidos「8つの姓（苗字）」とは、生粋のバスク人またはカタルーニャ人と名乗るには、両親の姓だけでなく、祖父母の姓もバスクの苗字またはカタルーニャの苗字でなければならない伝統を指している[注3]。

英国のドラマ *The Crown* で、英連邦のナイロビを訪問中に父である国王が逝去し、急に女王となったエリザベスが、女王名を何にするか、側近から聞かれる場面がある。「父上のお名前は Albert でしたが、国王としての名は George を選ばれました。伯父上は David でしたが、退位前は Edward という国王名でした」との説明を受けたエリザベスは「私の名前で何か問題ありますか？」「何もありません」「では、不必要に複雑にするのは避けましょう。私の名前は Elizabeth です」と即断した。

　すんなりいかなかったのは、女王の家名であった。伝統的には男性の姓をつけるので、夫のエジンバラ公爵フィリップ殿下は、自分の姓 Mountbatten になると考えており、エリザベスもそのつもりでいたが、英国籍を得るためにつけた苗字であり、フィリップの姉妹にナチスの協力者がいたことを憂慮した政府が王家の名前にふさわしくないと反対した。結局、由緒あるthe House of Windsor（ウィンザー家）に決定した。

　名前や呼称、肩書きは、暗黙の社会文化的規範を表しており、個人にとって最も重要なアイデンティティは氏名である。

　韓国ドラマでも、それがうかがわれる。コリア語を知らないため、字幕翻訳からでは正確な判断ができないが、音声に耳を澄ませると、字幕翻訳とは異なる呼び方をしている時がある。

　『愛の不時着』では、最初のころ、セリもジョンヒョクも氏名を明かさない。船に乗った際、初めて互いに「私はユン・セリ」「僕はリ・ジョンヒョク」と名乗り合ったところ、韓国の財閥セリの祖先は北の「海州尹氏」、北朝鮮軍人リ・ジョンヒョクの祖先は南に由来する「全州李氏」であることがわかり、セリは思わず「皮肉ね」と笑う。『運命のように君を愛してる』では、全州李氏の 22 代総領が 30 歳を過ぎても独身で、家系が途絶える危機だと一族が集まる場面があ

る。

朝鮮民族は同姓が多い代わりに、苗字にはそれぞれ「本貫」(地名)がある。日本の「本籍」のように、朝鮮の「氏」にも「本籍」があり、それが「本貫」である。同じ「李さん」でも、全州李氏や慶州李氏、平壌李氏、韓山李氏と、李だけでも160種類ほどある。自分の本貫は物心ついた時には誰もが知っているという[注4]。同じ本貫なら先祖がいっしょなので、結婚はよしとされていない。ただ、2020年のウエブ・ドラマ『エンディング・アゲイン』では、本貫が同じでも法律上は問題ない、という話が出てくる。

船渡しに失敗して腹を立てたセリは、夜中にパラグライダーで逃げようとするが、気づいたジョンヒョクが慌てて追いかけ、初めて「ユン・セリ!」とフルネームで呼ぶ。

コリア語の音声では、たいていはフルネームで呼んでいるように聞こえるが、例えばリ・ジョンヒョクの呼び方は、日本語字幕では「リさん」であり、苗字に「さん」づけ、英語字幕では Jeong Hyeok とファーストネームである。この違いは、それぞれの言語文化の習慣に合わせて翻訳しているからであろう。

翻訳には、原文に忠実な「異質化方略」と訳出先の文化に合わせた「受容化方略」と2種類の方法がある。字幕翻訳は字数が限られるので、視聴者にとってわかりやすい「受容化方略」をとることが多い(1章7「多

文化社会における通訳と翻訳」に詳しい）。

姓をめぐって

韓国ドラマの多くは恋愛と結婚がテーマであるが、親に反対され入籍できない筋書きが多いなか、『Secret Garden』では婚姻届を出す場面がある。母親の反対が強固なのを知ったジュウォンは、従兄と彼の恋人に証人になってもらい、役所で婚姻届を出してしまう。画面に映った婚姻届では、ハングルで「キル・ライム」と「キム・ジュウォン」となっており、結婚しても双方が旧姓を維持する。仕事を持っているライムが、どちらの姓にするか悩む場面もない。

日本では、「旧姓使用」を希望する個人の選択を公的に認めるため「選択的夫婦別姓」制度が長年の宿願であるが、保守政治家の反対が強く、選択制であってもなかなか認められない。

韓国では、旧姓使用が当然とされるが、それでも結婚し出産してからは「奥さん」「オマエ」「ママ」などと呼ばれることが多いようだ。仕事に復帰した女性が、「仕事をしていると、皆が私を自分の名前で呼んでくれる」と喜ぶ場面が『ロマンスは別冊付録』にある。

女性の旧姓使用は、韓国社会が先祖や親など「家」を重視することの表れかもしれない。婚約式や結婚式は「〜家ご長男のＸさん」「〜家ご次女のＹさん」のように「家」が出てくるので、親の許しがないと実現

しないようである。ジュウォンは母親の怒りがおさまってから結婚式をするつもりでいたが、2人が入籍したことを示す戸籍謄本を送ったところ、激怒した母親は決して2人の結婚を認めようとしない。結婚式は特に上流階級では重視されているようで、ライムの仲間であるアクション俳優たちは、「財閥初の結婚式をしないで入籍した金持ち君」とジュウォンを揶揄する。

氏名の英語表記についての方針は、それぞれの国で異なっている。『愛の不時着』で、「リさん」は、英語字幕では Mr. Ri と表記されているが、セリがジョンヒョクに宛てたクリスマスカードには Merry Christmas, Mr. Lee と書かれていた。これは、Ri が北朝鮮で使われる英語表記、Lee は韓国の英語表記であることを示している[注4]。社会言語学者の李姸淑（Lee Yeounsuk イ・ヨンスク）氏のように、「イ」と表記する場合もある。『キム秘書はいったい、なぜ？』では、財閥後継者の氏名が日本語字幕では「イ・ヨンジュン」、英語字幕では Lee Young-jun となっている。

日本では、明治時代の欧化政策でローマ字での氏名表記を欧米風に「名・姓」とひっくり返し、それ以来、その氏名表記が続いてきた。「姓・名」の日本式に戻すまで相当な年月がかかり、2019年になってようやく政府の公文書でのローマ字表記が「姓・名」の順と決まった。

韓国では、英語表記でも「姓・名」の順番を守り、

Lee Jeong Hyeok であり Yoon Se-ri であるのが、ドラマでわかる。ただし、『Secret Garden』でジュウォンがハリウッド映画の監督と電話で交渉する際は、I'm Jewon Kim. と名乗っている。コロンビア大学に留学していた国際派であることを表してそのようにしたのかもしれないが、ほかのドラマでは韓国式を通していることが多い印象である。

名前へのこだわり

　名前に対するこだわりは、『私の名前はキム・サムスン』の主テーマである。ずっと嫌いだった自分の名前を改名しようとする主人公の姿がたびたび登場する。結婚しても「キム」という姓は変わらないが、恋仲のジノンに反対されても、一生の夢だったと頑なに「キム・ヒジン」に改名しようとする。

　「改名申請書」を画面で見ると、ハングルの隣に漢字でも名前を書くようになっており、サムスンは「ヒジン」にあてる漢字表記をいったん書いてから、別の漢字に書き直している。

　改名は完全にサムスンの個人的なこだわりで、その理由には、3番目も女の子が生まれたことに落胆した祖父が「3番目」という名前をつけたことに対する恨みがあり、「サムスン」という名前を友だちにからかわれた苦い思い出がある。

　誰が誰をどう呼ぶかの慣習には、社会的かつ歴史的

な背景があり、顕在化していない価値観が潜んでいる。名前そのものは個人のアイデンティティであるが、そこにも社会的な規範や信条が関与しており、命名に反映される。

英国とウェールズ

ドラマ *The Crown* は、1947年、まだ王女だったエリザベスがフィリップと結婚するところから始まり、2021年時点での最新は、ダイアナ妃が登場するシーズン4である。

王冠(the crown)をかぶる女王の存在がテーマで、ドキュメンタリーではなく史実に基づいたドラマであるが、エリザベス女王の強い使命感と家族との葛藤が仔細（しさい）に描かれている。

特に興味深いのは、英国政府と王室との関係をエリザベスが学ぶ場面である。

イートン・カレッジの教授が「憲法」について個人指導し、「政府は、the efficient (効率)を担い、その力を選挙民のために行使する。君主は the dignified (尊厳)を担い、説明責任は神に対してのみ有する。この両者をつなげるために support and trust one another (互いに支え信頼し合う)」との憲法解釈を教える。これは、the Church of England (イギリス国教会)の長である英国王(女王)と政府との微妙な関係を憲法に基づいて説明したものである。エリザベス女王は、この

解釈を判断の拠り所として、歴代の首相に対してきた。チャーチル政権の末期、首相が自身の病を女王に隠していたのを知ったエリザベスは、この不文律を持ち出し、首相が女王に嘘をつくことは両者の信頼関係を損ない国益に反すると注意した。チャーチル首相は謝罪し、「女王陛下に私がお教えすることは、もう何もありません」と頭を下げる。

　即位したばかりのエリザベスは、チャーチルなど政治家の話についていかれないことを自覚し、正規の教育を受けていなかったことを悔やむ。そこでエリザベスは一般教養の個人教授を探して学び、かつ「憲法」の個人指導を受けた際のノートを探し出し復習したのであった。

ウェールズを訪れて

　言語の視点から鮮烈なのは、チャールズ皇太子がウェールズを訪れた逸話である。日本にいるとなかなか見えてこない史実なので、ドラマに沿って学んでみたい。英国の皇太子は代々、Prince of Wales の称号を持つ。これはイギリスがウェールズを征服した歴史の象徴である。「プリンス・オブ・ウェールズ」の地位につくのは英国王の長男である皇太子であり、1911年を最後に、現地ウェールズに住まないのが通例である。

　ところが、ウェールズを英連邦から分離させようと

いうナショナリズム運動が高まり現地が不穏になってきたことから、労働党のウィルソン首相は、チャールズ皇太子にウェールズの大学でウェールズ語を学習させ、即位式ではウェールズ語で挨拶させて現地の空気を和らげるという対応を考え、エリザベス女王に進言する。そのころ、チャールズはスパルタ教育の高校生活からようやく解放されてケンブリッジ大学に入り、好きな演劇に打ち込んで学生生活を謳歌していた。そのことを母である女王は首相に伝えるが、このままでは英国が分断されると説得される。やむを得ず女王は、チャールズに有無を言わせず、ウェールズ大学に送る。

　自分の希望をまったく考慮されず落ち込んで向かったチャールズを迎えたのは、ウェールズ語で書かれた道路標識だけでなく、"Go Home!"（帰れ！）、"Prince No!"（皇太子、ノー！）、"You are not Welsh, and never will be!"（オマエはウェールズ人ではないし、決してならない！）など、英王室への反感を露わにしたプラカードを掲げて野次るウェールズの人々であった。

民族主義教員との出会い

　ウェールズ大学では、1学期だけウェールズ語を学ぶために皇太子が来るので指導してほしい、と学長から依頼された教員ミルワード（Tedi Edward Millward）が色をなして断った。「私は民族主義者で、ウェールズ党（Plaid Cymru）の副委員長ですよ。Prince of

Wales の地位というのは、イギリスの征服による抑圧で、不法に押しつけられたものです」。

　しかし学長は譲らない。「この大学は、ウェールズ大学です。本大学のウェールズ語学科は国内最高であって、あなたは最も優秀で最高の教員です。それに、ウェールズ語を比較的短期間で学べると主張なさっていましたよね」。しかしミルワードは「それはウェールズ人の場合のことです」と反論する。また、王室から依頼を伝えに来た使者に「先生は、特別な手法で語学教育をなさっているとうかがったのですが、ほかにどこかありますか？」と聞かれ、ミルワードは他の大学を勧め、「私に無理強いしないでください。私の体全体にある信条を侵すことになります」と辞退する。

　しかし彼が最終的に折れたのは、労働党政権が「即位式では、ウェールズ語で宣言をする」と王室を説得したことであり、それが世界中に中継されれば、ウェールズの独立運動に弾みがつくと考えたゆえであった。

　チャールズ皇太子は最初の登校日に、学長の案内でミルワードの研究室を訪れる。皇太子に "Your Royal Highness, Mr. Edward Millward."（殿下、エドワード・ミルワードさんです）と紹介されたミルワードは、立ち上がろうともせず、座ったままで、"How do you do, Charles."（初めまして、チャールズ）と挨拶する。

　英国の皇太子に対して敬称もつけず、名前を呼び捨てにした態度に学長は慌てて、Royal Highness（殿

下)をつけるよう注意するが、ミルワードは、「よろしければ、最初からほかの学生と同じようにしたいのです。それから、本来ならお辞儀するのが礼儀でしょうが、これで十分としていただけますか」と手を差し出す。チャールズはその手を握り握手する。

そこでようやくミルワードは、"Please."（どうぞ）と机の前の椅子を指すが、椅子の上の本を片付けようともしない。チャールズは何冊も置かれた本を脇にどけてから、椅子に座る。そして「感謝しています。お気持ちを脇へ置いてくださることを願っています。ウェールズ民族主義者だそうですね」。ミルワードは「私は教育者です」とかわす。チャールズは「大学の門で、政治を外に置いて入るのですか？」。するとミルワードは、「そうではありません。毎日、大学の門を通って中に入るのは、政治が理由です。そして、誰であっても大学教育を受けられるべきだと考えれば、その特権を底辺だけでなく、頂上にいる人にも与えないのでは、偽善となります」。

チャールズは、そこで踏み込む。「でも私のことは認めないのですよね？」、「あなた個人がいやなわけではありません」、「でも、私の、というか王室が存在しないことを願っているのですよね？」、「私は、何かに反対するのではなく、何かのためを考えています。私の国、私の文化、そして特に私の言語のためです」、「王室は、それと反対の立場にあると考えているので

216

すね?」、「王室は、同質性(uniformity)を押しつけます。それは、英国らしさ(Britishness)をいたるところで強要して、ウェールズのアイデンティティを抑圧することになります」、「でも、ウェールズは英国だし、英国はウェールズでしょう?」、「ウェールズ人は歴史的にあなたの王室の征服のために血を流してきました。なぜでしょう? 何のため?」。

初対面から重い議論になり、うつむいてしまったチャールズを見て、ミルワードは「ウェールズ語を習いに来たのでしたよね」と言い、LL教室に案内する。今では廃れてしまったが、当時は世界を席巻していたオーディオリンガル・メソッドで、学生たちはヘッドホンをつけて聞こえてくる短文を繰り返している。チャールズも座ってヘッドホンを装着してもらい、"Bo-ra!"(おはよう)などの会話を練習する。

ある晩、チャールズ皇太子歓迎の夕食会が学長主催で開かれ、幹部の教員が集まった。ウェールズ大学の図書館は豊富な史料が保管されていることで知られるのに、チャールズは行っていないことがバレる。「ウェールズの教育を受けに来たのではないのか?」と失望の空気が漂う。1人が座を取り持つつもりで、チャールズがウェールズ語で演説をする話題を持ち出す。「スピーチの準備は進んでいますか?」との質問に、こう付け加えた。「きっと、サウェリン・アプ・グリ

フィズ（Llywelyn ap Gruffydd）の思いを伝えるのだろうと確信していますよ」。

するとチャールズは、「すみません、誰のことですか？　卒業生ですか？」。場の空気は一挙に冷ややかになり、しらけた空気が広がる。

翌日、ミルワードは厳しい言葉を投げる。「サウェリンって、誰？　この質問が、私たちにとってどれだけ屈辱だったかわかります？　あなたを教えるにあたって、お願いがあります。私たちに敬意を表してください。少しでいいから、私たちのことを気にかけている印象を与えてください」。それだけ言うとミルワードは、チャールズを残したまま、研究室を出てしまう。

チャールズは図書館へ行き、サウェリンについて調べる。この人物は、初代の Prince of Wales であり、名実ともにウェールズ大公であった。イギリス国王ヘンリー３世から爵位を得たが数年後に殺害される。ヘンリー国王の嫡男エドワードは Prince of Wales の地位を自分の息子に与える。その場所が、即位式が行われるカーナーヴォン城（Caernarfon Castle）であった。

ミルワードは、ウェールズの歴史の一端を学んだチャールズに対し、「偉大なる裏切りでした。しかし、古代の希望は今も残っています。いつの日か、カーナーヴォン城に王子が現れるという予言があるんです。彼こそが、ウェールズ語を話す、ウェールズの真の息子なのです」と教える。チャールズは、「私はウェー

218

ルズの息子にはなれませんが、ウェールズ語を話すという部分については、頑張ります」と答える。

チャールズの思い

ミルワードは、チャールズがいつも1人で食事をしていることを知り、自宅に招く。夫妻が、夕食を支度しているあいだ、幼い息子がウェールズ語で「1、2、3」をどう言うかチャールズに教える。そのうちミルワード夫妻は、2人そろって息子を寝かせに寝室へ連れていく。そんなふうに育てられたことのないチャールズは、何とも言えない表情で親子3人を見る。

やがて食事になり、夫妻のなれそめを聞いているうちに、英国政府の方針でリバプールに水を送る貯水池を造るため、2人の故郷が水没したことを知った、チャールズは「だから私が来るのをやめさせようとした人たちが多かったのですね」と理解を示し、「復讐ですか?」と問う。

それに対してミルワードは、「報復であってはならない。私たちが本当に求めているのは、『自決』(self-determination)です。見下した話し方をされるのではなく、支配されるのではない。私たちがどんな人間で何を考え何を必要としているかを知らない人たちに、支配されたくない」と語る。

ウェールズでのスピーチ

　即位式が近づき、ロンドンからは、外交や憲法の専門家が練り上げた英語のスピーチ原稿が送られてきた。ミルワードはそれをウェールズ語に翻訳し、チャールズは読み上げて発音を直してもらい、練習に余念がない。加えてチャールズは、スピーチが自分を知らない人々によって書かれ、自分らしさや自分の考えが反映されていないと考え、自分自身の語りを加え、それもウェールズ語に翻訳してもらう。

　1969年7月1日。英国の支配に反発する人々が城の前に集まり緊張が張りつめるなか、エリザベス女王や王族が参列し、即位式が伝統にしたがって執り行われた。

　実際のスピーチでは、冒頭の2パラグラフをウェールズ語で語った。その英訳を紹介する[注5](筆者訳)。

　　It is, indeed, my firm intention to associate myself in word and deed with as much of the life of the Principality as possible—and what a Principality!

　実のところ私の確固たる意思は、私自身を言葉においても行動においても、可能な限りこのウェールズという公国(注：prince が統治する公国、the Principality で「ウェールズ」を指す)の生活につながることです。なんという公国でしょう！

It is with a certain sense of pride and emotion that I have received these symbols of office, here in this magnificent fortress, where no one could fail to be stirred by its atmosphere of time-worn grandeur, nor where I myself could be unaware of the long history of Wales in its determination to remain individual and to guard its own particular heritage.

ある種の誇りと感情を抱いて皇太子としての職を象徴するこれらを受け取ったこの堂々たる要塞で、年月を経た壮大な空気に感動しない人はいないでしょう。私自身、ウェールズの長い歴史と個性を守りウェールズ独自の遺産を守るという決意に気づかないわけにはいきません。

Do I have a voice?

当時、このスピーチはウェールズ滞在中に民族主義者の影響を受けたと波紋を呼び、ドラマでは、エリザベス女王が自己主張をし過ぎたチャールズに苦言を呈す場面がある。チャールズは、ウェールズに自分の思いを重ねていたことを吐露し、自分に「声」があるのか、Do I have a voice? と問いかける。

母であるエリザベス女王は、「私から見ると、声があり過ぎる」と述べ、王族のあり方を諭す。「声を持たないことは、王室の全員が受け入れて生きていくべきこと。王室の誰もが犠牲を払って自分自身を抑えてきた。本来の自分の一部は必ず失われるのですよ」。

チャールズが「それは選択だ」と口を挟むと、母である女王は、「選択ではありません。義務です」と答え、今のチャールズくらいの年齢の時に祖母のメアリー女王（Queen Mary）から教えられたことを伝える。「何もしないこと、何も言わないことは、王族の仕事のなかで最も難しい」。

「公平であり偏らないことは自然ではないし、人間的ではない。でも、求められるままに賛同したりすると、王室が a point of view（見解）を示すことになる。それは王室として、してはならない。だからこそ、感情を自分のなかに隠すのです。できるだけ何もしない、言わない、賛成や反対を言わないほうが……」と言いかけたのを遮り、チャールズが「考えたり、感じたり、存在したりもしない……」と怒りをこめて付け加えると、女王は「そのほうがよい」。

実は、同様のやりとりが、女王になったばかりのエリザベスと祖母のメアリー女王とのあいだでも交わされていた。国益にならないことを政府がした場合に、黙認していてよいのだろうかと悩んで相談したエリザベスに対して祖母が与えたアドバイスが、「何もしてはいけない」であった。チャールズが反発したのと同じ言葉をエリザベスも祖母に対して発していたのであった。しかし、その後のさまざまな経験から、エリザベス女王は「何もしない。何も言わない」を貫いたのであった。

チャールズから「そんなふうにするのは、お母さんほど簡単にはできない」と言われて、「なぜ？」と問い返したのは、そのようなかつての自分を思い出していたからであろう。

　「だって、僕には心がある。個性がある。自分で考える頭と自分の意思がある。声がある」とのチャールズの心の叫びを聞いても、母である女王は、「あなたの声など、誰も聞きたがらない」と突き放す。

　大英帝国は、ウェールズ、アイルランド、スコットランドなど征服した地の人々の「声」を奪ったが、その君主は、自身の「声」を奪われているのであった。

　英国女王に課せられた重荷を描写したドラマのタイトルは *The Crown*（王冠）である。その重荷を一言で表した表現がある。シェイクスピアの『ヘンリー4世』の台詞 Uneasy lies the head that wears the crown.（冠をいただく頭は安んぜず）に由来する。

　One who wants to wear the crown, bears the crown.

　王冠をいただく者は、王冠に耐える。

　bear は wear と韻を踏んでおり、ここでは「（責任を）負う」「（痛みや苦難に）耐える」という意味で使われている。『相続者たち』の字幕翻訳は「王冠をかぶ

ろうとする者は、その重さに耐えろ」である。

　王室の場合は自分が望んで王になるわけではないが、希望すれば退位して王冠をかぶらない選択がないわけではない。エリザベス女王の伯父は、離婚歴のある女性との結婚をイギリス国教会が認めないため、王冠をかぶらない道を選んだ。映画『英国王のスピーチ』ではその経緯が語られ、国王の仕事を kinging と表現していた。吃音に苦しんできた弟は、兄の退位で否応なく国王になり、子どもたちの運命も変わってしまう。長女のエリザベス王女は内気で、外向的な次女マーガレット王女が代わりに女王になると言い出す場面がドラマにあるが、ただちに却下され、父のジョージ6世逝去で順番どおりエリザベスが女王となる。

　「王冠」にまつわる表現が登場するドラマ『相続者たち』の主人公は、18歳のキム・タン。財閥会長の次男である。タンは、米国留学中のレポートに、"One who wants to wear the crown, bears the crown." と書く。韓国に帰国後、大学から返却されてきたレポートには、教授のコメントが書かれていた。

　　What type of crown were you trying to wear? Was it wealth? Fame? Or love?

　　君がかぶろうとしたのは、どのような王冠ですか？
富？　名声？　それとも愛？

この比喩は、組織のトップや家長の重責を表現する際に使われるが、比較にならないほど重い王冠をかぶっているのが英国女王エリザベス2世である。イングランドのウィンザー朝第4代女王、英連邦15か国および王室属領、海外領土の君主であり、イギリス国教会の首長である。

王室の「声」

　1952年2月6日の即位以来、エリザベス女王は自身の「声」を発することを控えてきた。しかし最近は、SNSで発信することも多く、クリスマスにはメッセージを動画配信するのが恒例になっている。特に2020年は3度にわたり国民に語りかけた。5月の欧州終戦75周年に際して「決して平和を諦めないで」と語り、クリスマスには「皆さんはひとりではありません」と呼びかけた。

　4月5日には異例のメッセージを発表し、新型コロナ感染症拡大防止の封鎖(lockdown)に苦しむ国民を励ました(筆者訳)。

　Together we are tackling this disease, and I want to reassure you that if we remain united and resolute, then we will overcome it.

　I hope in the years to come everyone will be able to take pride in how they responded to this challenge.

私たちは共に、この感染症に取り組んでいます。団結して断固としていれば乗り越えられると、安心なさってください。

　これから何年も経ってから、この感染症という難題にどう対応したかを、誰もが誇りに思えるようになることを願っています。

　エリザベス女王が特別な事態に際して国民に語りかけたのは、即位69年のうち、これが5度目であった。

　長い歴史と伝統を有する英国王室は、時代の波に翻弄されたこともある。1936年に、恋を貫くため退位したエドワード8世だけでなく、最近は結婚後に王室を離脱する例も出てきた。王室に新しく加わったメンバーは自らの「声」を抑えることなく言葉を発する。王室の責任と使命が今後どうなるのか、時代とともに変わるべきこと、それでも保持すべきことは何か。伝統か変革かの判断の見極めが問われる時代に入ってきた。

　本章では、言語と権力の関係を問い、コミュニケーションにおける「ことばの力」について考えてみた。The pen is mightier than the sword.（文は武よりも強し）という格言があるが、書き言葉だけでなく話し言葉も強いので、「言語は剣より強い」と言えよう。それだけに、言葉には人を傷つける危うさと怖さもある。

　『青春の記録』では貧しい中、苦労の末にスターに

なった若い俳優が、SNS に根拠のないデマを流され誹謗中傷という言葉の暴力に苦しむ。『Pinocchio』では、テレビで虚偽の情報を報道され追い詰められた一家の次男が、テレビ局で叫ぶ――「放送は言葉で人を殺せる！」「言葉の重さを知らないことが、どれだけ怖いことか、わかっていない。軽率な判断が、家族をぶち壊した」。

それだけ、言葉は重い。

ことばは翼を与えてくれる

Oxford English Dictionary（『オックスフォード英語大辞典』）誕生にまつわる実話を映画化した *The Professor and the Madman* では、英語の歴史的変遷を用例から辿り、ひとつひとつの単語をゆるがせにせず徹底的に調べる膨大な作業を映し出し、その仕事に献身した2人の人物が描かれている。日本では、失言した政治家が、いとも簡単に発言を取り消すが、そのような「ことばの軽さ」と正反対の「ことばの重さ」が胸を打つ。

とりわけ心に残ったのが、辞書づくりに人生をかけた人間の「ことばへの思い」である。読み書きができないまま育った貧しい女性に文字を教え、学ぶことがなぜ大切かを説明した際の「ことばは翼を与えてくれる」は、言語の本質を語っている。ことばによって人間は、精神の自由と自立を得て、理想と夢をめざし空

高く飛翔することが可能になる。

　ことばは強い。だから、ことばは怖い。しかし、ことばは誰に対しても平等に翼を与えてくれる。ことばを大切にしたいと願う。

あとがき

　本書を書きたいと考えたきっかけは、韓国ドラマ
『愛の不時着』にハマったからである。私はもともと
映画が好きで、テレビの連続ドラマはあまり観なかっ
た。毎週、同じ時間に視聴するのは、仕事に追われる
身には難しい。しかし1回見逃すと次がわからなくな
る。録画は見逃し番組が増えるばかりで、結局は観な
い。したがって、テレビで観るのは映画か報道番組だ
った。ところが、新型コロナ感染症がそれを変えてし
まった。

　たまたま2020年春に4Kテレビに買い替えたら、
地上波やBSだけでなく動画配信サービスまでリモコ
ンで簡単に切り替えられる。時代は変わったと思って
いたら、コロナ禍で外出自粛となり、講演や会議など
が次々と延期になって、かつてないほど時間ができた。

　そこで初めて動画配信サービスを試してみた。最初
は映画ばかり。そのうち映画の『赤毛のアン』と間違
えて Anne with an 'E' を観たら、この連続ドラマが
おもしろい。しかも、時間のある時に、まとめて「イ
ッキ見」(binge watching)が可能なのでどんどん観て
しまった。「教育」「ジェンダー」「格差」「偏見と差
別」「表現の自由」など、現代に通じる問題を取り上
げた秀作だった。

次に観たのがエリザベス女王の半生を描いた *The Crown*。これまで知らなかった史実、英連邦の実情、英王室と政府の関係、王族の苦労など、学びの多い作品だった。

　そこで次に、話題の『愛の不時着』を観ることにした。なぜこれほどの人気なのか知りたかったからである。それまで観た連続ドラマは英語だったので、仕事に役立つという密かな思惑もあったが、コリア語では仕事に無関係である。しかし動画配信サービスによっては英語字幕を選べるドラマもあり、字幕を英語や日本語に切り替えながら、ドラマの世界に浸った。

　それでも最初は、合間にほかのことをしながら観ていた。ところがそのころ Twitter では、『愛の不時着』沼に落ち込んだ人たちが、いろいろな場面について投稿していた。「えっ、そんな場面、あったっけ？」と驚き、とうとう第1話から見直す羽目になった。すると、それまで気づかなかった伏線や新たな発見があり、あっ、ここの台詞が後半で生きていた、あれ、この場面でこんな台詞があったなど、細部まで丁寧に描いている脚本に引きずりこまれた。ついにはメモを取るようになり、すっかり『愛の不時着』にハマってしまった。

　ドラマに限らず、「ハマる」ことなどこれまでなかった自分に、こんな面があったのかと、正直いって、ショックだった。そこで、なぜ自分は、このドラマに

こんなに惹かれたのか、分析してみることにした。

　分析に当たっては他の作品も観ておく必要があるだろうと、同時期に人気だった『梨泰院クラス』、ヒョンビン主演の他のドラマや映画も観てみた。なるほど韓国の映像作品の質は高いと納得した。さらに、「韓国」ドラマであっても、予想外に英語が頻出するし、異文化コミュニケーションの教材に使えそうな場面や台詞が多々あることに気づいた。

　それを NHK E テレ『世界に発信！ つぶやき英語』のスタッフに伝えたところ、『愛の不時着』を観ていなかったプロデューサーがすぐに視聴して、私と同じく質の高さに驚嘆し、これを番組で取り上げようということになった。ただし、英語番組であるのと、『愛の不時着』だけではなく他のドラマも使う必要があり、ビジネス英語が登場する『Secret Garden』を再視聴し、英語の台詞を書き起こす作業もした。

　幸い、「韓国ドラマ」特集は視聴者の反応もよかったので、私はこの番組を拡張する形で書籍化したい、特に読みやすい新書にしたいと考えた。自分の専門である異文化コミュニケーション学を軸に、事例として海外ドラマを使えば、海外への渡航に制約がある新型コロナ時代の異文化学習に寄与するのではないかとの思いもあった。

　岩波書店新書編集部が、このような願いを理解し、多大な配慮をしてくださったことに、深甚なる感謝を

表したい。青木保氏の『異文化理解』刊行からちょうど20年になる今年、同じ岩波新書として『異文化コミュニケーション学』が世に出ることは誠に光栄である。

　編集者の坂本純子さんには、大変お世話になった。企画書を読んですぐに『つぶやき英語』の韓国ドラマ特集を視聴したうえで、ドラマを事例にするという、私にとっても初めての試みを、全面的に支えてくださった。心からのお礼を申し上げたい。

　この「あとがき」を執筆している6月現在、日本では変異ウイルスが増えるなど、新型コロナ感染症の流行は終息していない。将来の予測がつかず、医療者をはじめ、誰もが大変な日々を過ごしている。そのようななか、せめてドラマを通して異質な文化に触れる喜びを味わっていただけたらと願っている。

　2021年6月

鳥飼玖美子

注一覧

はじめに

注　韓国とドラマについて解説した書籍として、以下がある。
伊東順子(2020)『韓国 現地からの報告――セウォル号事件
から文在寅政権まで』ちくま新書。春木育美(2020)『韓国社
会の現在――超少子化、貧困・孤立化、デジタル化』中公新
書。安宿緑(2020)『韓国の若者――なぜ彼らは就職・結婚・
出産を諦めるのか』中公新書ラクレ。藤脇邦夫(2016)『定年
後の韓国ドラマ』幻冬舎新書。

1章

注1　欧州評議会(Council of Europe)は、ヨーロッパの再建を
めざし、EUより早く1949年に創立された、ヨーロッパに
おける人権・民主主義・法の遵守を担う独立した組織である。
2021年現在の加盟国はEU加盟国を入れて47か国。日本は
米国やカナダと共にオブザーバーとして参加している。

注2　馬渕仁(2002)『「異文化理解」のディスコース――文化
本質主義の落し穴』京都大学学術出版会。

注3　Boas, Franz (2012 [1940]). *Race, Language and Culture.*
Forgotten Books.

注4　以下、このページの引用は、平野健一郎(2000)『国際文
化論』東京大学出版会からによる。

注5　『愛の不時着』が大ヒットしたのは、北朝鮮社会の様々
な側面が立体的に描かれていることが大きい。その陰には
2004年まで北朝鮮最高警備隊に所属し、亡命したクァク・
ムヌァン(Kwak Moon-wan)氏の存在がある。軍隊に入る前
は平壌演劇映画大学で映画監督の勉強をしていたことから、
脱北後は多くの映画やドラマのアドバイザーや監督として活
躍していた。2018年にドラマの脚本家パク・ジウン氏の依

頼で『愛の不時着』プロジェクトに参加。ドラマ全体にわたり、クァク氏のアドバイスが生かされているという（BBC, 22 February, 2020）。

注6　ほかに山下英愛氏による以下が参考になる。『女たちの韓流——韓国ドラマを読み解く』（2013、岩波新書）、「北朝鮮のドラマ」『図書』（2013年12月号、岩波書店）、WAN（Women's Action Network）「女たちの韓流」の連載（全72回）。

注7　多文化環境におけるリーダーについては、石黒武人（2020）『多文化チームと日本人リーダーの動的思考プロセス——グラウンデッド・セオリーからのアプローチ』春風社が参考になる。

注8　すでに「主な参照、引用文献」に掲載している本以外に下記がある。田島充士（編著）（2019）『ダイアローグのことばとモノローグのことば』福村出版。

注9　フルネームではキム・ジュウォン、苗字なしの場合は「チュウォン」となるが、本書では混乱を避けるため、「ジュウォン」で統一する。他の氏名も同様である。

注10　東京新聞、2021年5月18日夕刊「社会時評」、中部大学創造的リベラルアーツセンター設立記念シンポジウム（2021年5月29日）での発言。

注11　Quinn, Julia（2000, 2001, 2002, 2003, 2004, 2005, 2006, 2013）. *Bridgerton* series.

注12　この詩の訳は、ドラマの字幕による。

注13　a) Members of the Association shall not accept any job or situation which might detract from the dignity of the profession.

　　b) They shall refrain from any act which might bring the profession into disrepute.

　　https://aiic.org/document/6299/Code%20of%20professional%20ethics_ENG.pdf（2021. 5. 2 検索）。

2章

注1　例えばソロー（Henry David Thoreau）による *Walden: Life in the Woods* (1854)（『ウォールデン——森の生活』）等々。最近は「環境人文学」として射程を広げ、「文化」「他者」の視点から研究されている。野田研一・山本洋平・森田系太郎（編著）(2017)『環境人文学 I 文化のなかの自然』、『環境人文学 II 他者としての自然』勉誠出版。

注2　ミシェル・ルグランが音楽を担当したミュージカル映画。

注3　SDGs は、2015 年 9 月に国連で開催された首脳会談で決定。2030 年までに達成すべき 17 の目標を明記している。

注4　「コミュニケーションの 6 機能」、については、次の文献が参考になる。小山亘(2008)『記号の系譜——社会記号論系言語人類学の射程』三元社、小山亘(2012)『コミュニケーション論のまなざし』三元社。朝妻恵理子(2009)「ロマン・ヤコブソンのコミュニケーション論」『スラヴ研究』No. 56, pp. 197–213。

注5　マイケル・ケリー(2011)「ヨーロッパにおける異文化コミュニケーション研究——政策との関係」、鳥飼玖美子・野田研一・平賀正子・小山亘(編)『異文化コミュニケーション学への招待』みすず書房、pp. 101–120 を参照されたい。

注6　中部大学創造的リベラルアーツセンター設立記念シンポジウム(2021 年 5 月 29 日)での発言。

注7　大島かおり訳では「マイスター・ゼクンドス(秒)・ミヌティウス(分)・ホラ(時間)」。日本語訳は大島かおり訳とドラマの字幕を参照して、筆者が選択した。

注8　「沈黙」の意味と機能については、以下が参考になる。

Jaworski, Adam (Ed.) (1997). *Silence: Interdisciplinary Perspectives.* Mouton de Gruyter.

Tannen, Deborah and Saville-Troike, Muriel (Eds.) (1985). *Perspectives on Silence.* Ablex.

注 9　Lakoff, George and Johnson, Mark（1980）. *Metaphors We Live By*. University of Chicago Press. Lakoff, George（1987）. *Women, Fire, and Dangerous Things: What Categories Reveal about the Mind*. University of Chicago Press.

3 章

注 1　スピヴァック、ガヤトリ・C.／鈴木聡・大野雅子・鵜飼信光・片岡信（訳）（1990、2000）『文化としての他者』紀伊國屋書店［Spivak, Gayatri C.（1987）. *In Other Worlds: Essays in Cultural Politics*. Methuen.］。大澤真幸（1994）『意味と他者性』勁草書房。

注 2　小石川真実（2012）『親という名の暴力——境界性人格障害を生きた女性医師の記録』高文研。

注 3　Charles E. Moritz vs Commissioner of Internal Revenue（Nov. 22, 1972）.

4 章

注 1　2017 年から放映され、3 シーズン 27 話で終了。カナダ CBC と Netflix の共同制作。

注 2　Reuters, The Guardian, The Washington Post, ABC News etc.

注 3　吉田理加氏（スペイン語通訳者）による説明（2021 年 2 月 14 日）。

注 4　黄慈仙氏（コリア語通訳者）による説明（2020 年 12 月 14 日）。

注 5　Prince Charles's Investiture Speech 1969.
　　　冒頭の 2 パラグラフをウェールズ語で語った。

主な参照、引用文献

はじめに

川田順造(2008)『文化の三角測量——川田順造講演集』人文書院

青木保(2001)『異文化理解』岩波新書

パク・ジウン／根本理恵・朴美淑・都成愛(訳)(2020、2021)『愛の不時着 完全版』(上・下)、宝島社

1章

文部科学省『学習指導要領』(小学校・中学校・高等学校「外国語編」、平成29年3月告示、令和3年度全面実施)

Council of Europe, Committee of Ministers, Preamble to Recommendation No. R (82) 18, adopted on 24 September, 1982.

Council of Europe (2001). *Common European Framework of Reference for Languages: Learning, Teaching, Assessment.* Cambridge University Press.

Zarate, Geneviève (2006 [2003]). Identities and Plurilingualism: Preconditions for the Recognition of Intercultural Competences. In Michael Byram (Ed.). *Intercultural Competence.* Council of Europe Publishing. pp. 85-117.

レヴィ=ストロース、クロード／仲澤紀雄(訳)(1970)『今日のトーテミスム』みすず書房

Tylor, Edward Burnett (1871). *Primitive Culture.* John Murray.

平野健一郎(2000)『国際文化論』東京大学出版会

Lévi-Strauss, Claude. Jacobson, Claire & Schoepf, Brooke G. (1967). *Structural Anthropology.* Anchor Books.

Kluckhohn, Clyde & Kelly, W. H. (1945). The Concept of Culture. In R. Linton (Ed.). *The Science of Man in the World Crisis.* Columbia University Press.

Hall, Edward T. (1973 [1959]). *The Silent Language*. Doubleday.

Hall, Edward T. (1976). *Beyond Culture*. Anchor Books.

Hofstede, Geert. Hofstede, Gert Jan & Minkov, Michael (2010). *Cultures and Organizations: Software of the Mind*. McGraw-Hill.

石田英一郎(1976)『文化人類学入門』講談社学術文庫

平野健一郎(2000)前掲書

Bennett, Milton J. (2013). *Basic Concepts of Intercultural Communication: Paradigms, Principles, & Practices*. Intercultural Press.

田澤耕(2000)『物語 カタルーニャの歴史――知られざる地中海帝国の興亡』中公新書

立石博高・奥野良知(編著)(2013)『カタルーニャを知るための50章』明石書店

柿原武史・仲潔・布尾勝一郎・山下仁(編著)(2021)『対抗する言語』三元社

桑野隆(2011)『バフチン――カーニヴァル・対話・笑い』平凡社新書

Holquist, Michael (Ed.). Translated by Caryl Emerson & Michael Holquist (1981). *The Dialogic Imagination by M. M. Bakhtin*. University of Texas Press.

Clark, K. & Holquist, M. (1984). *Mikhail Bakhtin*. Harvard University Press. [クラーク、K. & ホルクイスト、M. ／川端香男里・鈴木晶(訳)(1990)『ミハイール・バフチーンの世界』せりか書房]

バフチン、M. M. ／望月哲男・鈴木淳一(訳)(1995)『ドストエフスキーの詩学』ちくま学芸文庫

田島充士(2014)「異質さと向き合うためのダイアローグ――バフチン論からのメッセージ」『心理学ワールド』64号(特集「対話」)、日本心理学会。https://psych.or.jp/wp-content/upl

oads/2017/10/64-9-12.pdf（2021. 5. 5 検索）

Byram, Michael. Nichols, Adam & Stevens, David （Eds.） (2001). *Developing Intercultural Competence in Practice*. Multilingual Matters.

Deardorff, Darla K. (2015). *Demystifying Outcomes of Assessment for International Educators: A Practical Approach*. Stylus.

中村哲（編著）(2018)『音声言語の自動翻訳──コンピュータによる自動翻訳を目指して』音響サイエンスシリーズ 18、コロナ社

鳥飼玖美子（編著）(2013)『よくわかる翻訳通訳学』ミネルヴァ書房

坂西優・山田優(2020)『自動翻訳大全』三才ブックス

ポェヒハッカー、フランツ／鳥飼玖美子（監訳）(2020)『通訳学入門』みすず書房［Pöchhacker, F. (2004). *Introducing Interpreting Studies*. Routledge.］

マンデイ、ジェレミー／鳥飼玖美子（監訳）(2018)『翻訳学入門』みすず書房［Munday, J. (2008). *Introducing Translation Studies* (2nd ed.). Routledge.］

鳥飼玖美子(2007)『通訳者と戦後日米外交』みすず書房

鳥飼玖美子（編著）(2013)前掲書

シュライアーマハー、フリードリヒ／三ツ木道夫（編訳）(2008)「翻訳のさまざまな方法について（ベルリン王立科学アカデミー講義 1813 年 6 月 24 日）」『思想としての翻訳──ゲーテからベンヤミン、ブロッホまで』白水社、pp. 25-71

Venuti, Lawrence (2008). *The Translator's Invisibility: A History of Translation* (2nd ed.). Routledge.

ライス、カタリーナ＆フェアメーア、ハンス・ヨーゼフ／藤濤文子（監訳）(2019)『スコポス理論とテクストタイプ別翻訳理論──一般翻訳理論の基礎』晃洋書房

2章

佐藤千登勢(2021)『フランクリン・ローズヴェルト』中公新書

Shannon, Claude (1948). A Mathematical Theory of Communication, *Bell Labs Technical Journal*.

ホール、エドワード・T. ／國弘正雄・長井善見・斎藤美津子 (訳)(1966)『沈黙のことば』南雲堂

鳥飼玖美子(2011)「あとがき」、鳥飼玖美子・野田研一・平賀正子・小山亘(編)『異文化コミュニケーション学への招待』みすず書房、p. 478-484

Hall (1976)前掲書

Austin, J. L. (1975). *How to Do Things with Words*. (2nd ed.). Harvard University Press.

Gumperz, John, J. (Ed.) (1982). *Language and Social Identity*. Cambridge University Press.

Gumperz, John, J. (1982). *Discourse Strategies*. Cambridge University Press.

Grice, H. Paul (1989 [1975]). *Studies in the Way of Words*. Harvard University Press.

Jakobson, Roman (1960). Closing Statement: Linguistics and Poetics. In T. A. Sebeok (Ed.). *Style in Language*. MIT Press. pp. 350-377.

Hymes, Dell (1964). Introductuon: Toward Ethnographies of Communication. *American Anthropologist* 66 (6). pp. 1-34.

Goffman, Erving (1981). *Forms of Talk*. University of Pennsylvania Press.

Hymes, Dell (2001 [1972]). On Communicative Competence. In A. Duranti (Ed.). *Linguistic Anthropology: A Reader*. Blackwell. pp. 53-73.

Hymes, Dell (1972). Models of the Interaction of Language and Social Life. In J. J. Gumperz & D. Hymes (Eds.). *Directions in*

Sociolinguistics: The Ethnography of Communication. Basil Blackwell. pp. 35-71.

Canale, Michael (1983). From Communicative Competence to Communicative Pedagogy. In J. C. Richards & R. W. Schmidt (Eds.). *Language and Communication.* Longman. pp. 2-27.

Bachman, Lyle F. (1990). *Fundamental Considerations in Language Testing.* Oxford University Press.

MacIntyre, P. D. Clément, R. Dörnyei, Z. & Noels, K. (1998). Conceptualizing Willingness to Communicate in a L2: A Situational Model of L2 Confidence and Affiliation. *The Modern Language Journal* 82 (4). pp. 545-562.

八島智子 (2004)『外国語コミュニケーションの情意と動機』関西大学出版部

Council of Europe (2001) 前掲書

Council of Europe (2018). *CEFR Companion Volume.*

プルースト／吉川一義 (訳) (2010)『失われた時を求めて 1』岩波文庫、pp. 115-117

エンデ、ミヒャエル／大島かおり (訳) (2020[1973])『モモ』岩波少年文庫

Jackson, Jane (2014). *Introducing Language and Intercultural Communication.* Routledge.

Goodwin, Doris Kearns (2006). *Team of Rivals: The Political Genius of Abraham Lincoln.* Simon & Schuster.

Hall (1973 [1959]) 前掲書

名古屋大学高等教育研究センター「研究者のための科学コミュニケーション Starter's Kit」。www.cshe.nagoya-u.ac.jp/scicomkit/ (2021. 3. 20 検索)

「囲碁用語集」webtooninsight.jp/Forum/Content/104 (2021. 6. 16 検索)

橋本幸士 (2021)『物理学者のすごい思考法』集英社インターナ

ショナル

ホッセンフェルダー、ザビーネ／吉田三知世(訳)(2021)『数学に魅せられて、科学を見失う——物理学と「美しさ」の罠』みすず書房

Ishiguro, Kazuo (2021). *Klara and the Sun*. Faber & Faber.

3章

Tannen, Deborah (1990). *You Just Don't Understand: Women and Men in Conversation*. Ballantine Books. p. 50.

Tannen, Deborah (1994). *Talking From 9 to 5: Women and Men in the Workplace: Language, Sex and Poser*. Avon Books.

Samovar, Larry A. Porter, Richard E. & Jain, Nemi C. (1981). *Understanding Intercultural Communication*. Wadsworth.

4章

Bourdieu, Pierre (1991). *Language and Symbolic Power*. (R. Gin & M. Adamson Trans). Harvard University Press.

鑢幹八郎・山下格(編)(1999)『アイデンティティ』日本評論社

Norton, Bonny (2000). *Identity and Language Learning: Gender, Ethnicity and Educational Change*. Pearson Education.

日経 MJ(流通新聞)(2020)「世界の韓流、踊るマネー」8月10日。http://t21.nikkei.co.jp/g3/CMNOF12.do (2020年1月10日検索)

鳥海美奈子(2020)「『愛の不時着』にはまるオンナたち——韓流ブームが止まらない！」『サンデー毎日』7月19日号

産経新聞(2020)「韓流ドラマ 世界標準のコンテンツ力」東京朝刊8月26日

Montgomery, Lucy Maud (1908). *Anne of Green Gables*. (村岡花子が『赤毛のアン』として日本語訳)

トドロフ、ツヴェタン／及川馥・大谷尚文・菊地良夫(訳)

（1986）『他者の記号学――アメリカ大陸の征服』法政大学出版局［Todorov, Tzvetan（1982）. *La Conquête de l'Amérique: La question de l'autre*. Éditions du Seuil.］

朝日新聞（2021）「世界発 2021 豪州国歌 young→one に――先住民へ敬意込めた歌詞に変更」2 月 11 日朝刊

ニュージーランド政府観光局の公式ホームページ。https://www.newzealand.com/us/

Britanica https://www.britannica.com/topic/Maori

柿原武史・仲潔・布尾勝一郎・山下仁（編著）（2021）前掲書

田澤耕（2000）前掲書

立石博高・奥野良知（編著）（2013）前掲書

読売新聞（2021）「カタルーニャ 独立派 3 党 過半数維持」2 月 16 日朝刊

Bagehot, Walter（1867）. *The English Constitution*. Chapman and Hall.

Shakespeare, William. *King Henry IV*, Part 2, Act III Scene 1.

鳥飼玖美子

上智大学外国語学部イスパニア語学科卒業．コロンビア大学大学院修士課程修了（MA）．サウサンプトン大学大学院人文学研究科博士課程修了（Ph. D.）．1997 年より立教大学教授．2002年から 11 年まで，同大学大学院異文化コミュニケーション研究科委員長．現在，立教大学名誉教授．1971 年から 92 年まで，ラジオ「百万人の英語」講師．98 年から NHK「テレビ英会話」「ニュースで英会話」「太田光のつぶやき英語」等々の講師・監修．現在，NHK「#バズ英語」監修・解説者．
著書：『通訳者と戦後日米外交』，『異文化コミュニケーション学への招待』（編者代表），『英語教育論争から考える』（以上，みすず書房），『話すための英語力』（講談社現代新書），『英語教育の危機』（ちくま新書），『通訳者たちの見た戦後史──月面着陸から大学入試まで』（新潮文庫），『よくわかる英語教育学』（著者代表，ミネルヴァ書房）ほか多数．

異文化コミュニケーション学　岩波新書（新赤版）1887

　　　　　2021 年 7 月 20 日　第 1 刷発行
　　　　　2024 年 7 月 25 日　第 3 刷発行

　著　者　鳥飼玖美子
　　　　　とりかいくみこ

　発行者　坂本政謙

　発行所　株式会社 岩波書店
　　　　　〒101-8002 東京都千代田区一ツ橋 2-5-5
　　　　　案内 03-5210-4000　営業部 03-5210-4111
　　　　　https://www.iwanami.co.jp/

　　　　　新書編集部 03-5210-4054
　　　　　https://www.iwanami.co.jp/sin/

　印刷製本・法令印刷　カバー・半七印刷

岩波新書新赤版一〇〇〇点に際して

ひとつの時代が終わったと言われて久しい。だが、その先にいかなる時代を展望するのか、私たちはその輪郭すら描きえていない。二〇世紀から持ち越した課題の多くは、未だ解決の緒を見つけることのできないままであり、二一世紀が新たに招きよせた問題も少なくない。グローバル資本主義の浸透、憎悪の連鎖、暴力の応酬――世界は混沌として深い不安の只中にある。

現代社会においては変化が常態となり、速さと新しさに絶対的な価値が与えられた。消費社会の深化と情報技術の革命は、種々の境界を無くし、人々の生活やコミュニケーションの様式を根底から変容させてきた。ライフスタイルは多様化し、一面では個人の生き方をそれぞれが選びとる時代が始まっている。同時に、新たな格差が生まれ、様々な次元での亀裂や分断が深まっている。社会や歴史に対する意識が揺らぎ、普遍的な理念に対する根本的な懐疑や、現実を変えることへの無力感がひそかに根を張りつつある。そして生きることに誰もが困難を覚える時代が到来している。

しかし、日常生活のそれぞれの場で、自由と民主主義を獲得し実践することを通じて、私たち自身がそうした閉塞を乗り超え、希望の時代の幕開けを告げてゆくことは不可能ではあるまい。そのために、いま求められていること――それは、個と個の間で開かれた対話を積み重ねながら、人間らしく生きることの条件について一人ひとりが粘り強く思考することではないか。その営みの糧となるものが、教養に外ならないと私たちは考える。歴史とは何か、よく生きるとはいかなることか、世界そして人間はどこへ向かうべきなのか――こうした根源的な問いとの格闘が、文化と知の厚みを作り出し、個人と社会を支える基盤としての教養となった。まさにそのような教養への道案内こそ、岩波新書が創刊以来、追求してきたことである。

岩波新書は、日中戦争下の一九三八年一一月に赤版として創刊された。創刊の辞は、道義の精神に則らない日本の行動を憂慮し、批判的精神と良心的行動の欠如を戒めつつ、現代人の現代的教養を刊行の目的とする、と謳っている。以後、青版、黄版、新赤版と装いを改めながら、合計二五〇〇点余りの信頼を世に問うてきた。そして、いままた新赤版が一〇〇〇点を迎えたのを機に、人間の理性と良心への信頼を再確認し、それに裏打ちされた文化を培っていく決意を込めて、新しい装丁のもとに再出発したいと思う。一冊一冊から吹き出す新風が一人でも多くの読者の許に届くこと、そして希望ある時代への想像力を豊かにかき立てることを切に願う。

（二〇〇六年四月）

岩波新書より

社会

- 女性不況サバイバル　竹信三恵子
- パリの音楽サロン　青柳いづみこ
- 持続可能な発展の話　宮永健太郎
- 皮革とブランド　変化するファッション倫理　西村祐子
- 動物がくれる力　教育、福祉、そして人生　大塚敦子
- 政治と宗教　島薗進編
- 超デジタル世界　西垣通
- 現代カタストロフ論　金子勝・児玉龍彦
- 「移民国家」としての日本　宮島喬
- 迫りくる核リスク　〈核抑止〉を解体する　吉田文彦
- 記者がひもとく「少年」事件史　川名壮志
- 中国のデジタルイノベーション　小池政就
- これからの住まい　川崎直宏
- 検察審査会　デイビッド・T・ジョンソン・平山真理・福来寛
- ドキュメント〈アメリカ世〉の沖縄　宮城修
- 東京大空襲の戦後史　栗原俊雄
- 土地は誰のものか　五十嵐敬喜
- 民俗学入門　菊地暁
- 企業と経済を読み解く小説50　佐高信
- 視覚化する味覚　久野愛
- ロボットと人間　人とは何か　石黒浩
- ジョブ型雇用社会とは何か　濱口桂一郎
- 法医学者の使命　「人の死を生かす」ために　吉田謙一
- 異文化コミュニケーション学　鳥飼玖美子
- モダン語の世界へ　山室信一
- 時代を撃つノンフィクション100　佐高信
- 労働組合とは何か　木下武男
- プライバシーという権利　宮下紘
- 地域衰退　宮崎雅人
- 江戸問答　田中優子・松岡正剛
- 広島平和記念資料館は問いかける　志賀賢治
- コロナ後の世界を生きる　村上陽一郎編
- リスクの正体　神里達博
- 紫外線の社会史　金凡性
- 「勤労青年」の教養文化史　福間良明
- 5G　次世代移動通信規格の可能性　森川博之
- 客室乗務員の誕生　山口誠
- 「孤独な育児」のない社会へ　榊原智子
- 放送の自由　川端和治
- 社会保障再考　〈地域〉で支える　菊池馨実
- 生きのびるマンション　山岡淳一郎
- 虐待死　なぜ起きるのか、どう防ぐか　川崎二三彦
- 平成時代◆　吉見俊哉
- バブル経済事件の深層　奥山俊宏・村山治
- 日本をどのような国にするか　丹羽宇一郎
- なぜ働き続けられない？　社会と自分の力学　鹿嶋敬
- 物流危機は終わらない　首藤若菜

(2023.7)　◆は品切，電子書籍版あり．(D1)

ヨーロッパの言語		泉井久之助
日本の方言		柴田　武
言語と社会	ピーター・トラッドギル 土田滋訳	
ことばと文化		鈴木孝夫
かな		小松茂美
漢字 ◆		白川静

言語

宗教